**ISIDORO BONARRIGO**

# LO SPECIALISTA DELLE VENDITE

**Il Percorso Etico dalla Consapevolezza alla Vendita di Successo**

Titolo

“LO SPECIALISTA DELLE VENDITE”

Autore

Isidoro Bonarrigo

Editore

Bruno Editore

Sito internet

www.brunoeditore.it

# Sommario

# Introduzione

Evidenti fattori hanno fatto sì che aziende commerciali e di produzione di beni durevoli consolidate e importanti, che operano da tantissimi anni nel mercato, riconosciute in termini di volumi, tecnologia, professionalità e organizzazione, leader incontrastate nel territorio, oggi si possano trovare in una situazione sicuramente non piacevole.

Così, nonostante la leadership costruita in anni di sacrifici economici e professionali, può accadere, e di fatto è accaduto, che in un'organizzazione tutta la struttura, tutta l'assistenza e tutta la professionalità rischino di non essere più sufficienti alla sfida del mercato. Per cui, alla fine, il cliente può scegliere di affidare il proprio investimento in un bene durevole semplicemente a chi offre a costo più basso, senza tenere conto dei veri valori che un'azienda sicura e importante potrebbe esprimere. Sono anni ormai che cerco di trovare una spiegazione a quanto accade; sono anni che approfondisco le mie conoscenze al fine di analizzare correttamente i dati e i cambiamenti dei comportamenti del mercato; anni che cerco di trovare soluzioni valide per il futuro del nostro mestiere. Ho tentato di convincere in tutti i modi la rete commerciale della mia ex azienda riguardo al tipo di formazione che avrebbe dovuto intraprendere.

Intendevo far capire loro, in modo più o meno velato, che certe loro tecniche di vendita, magari molto efficaci nel passato, oggi si rivelano inadeguate e non rispondenti alle esigenze della mutata realtà. Inizialmente, i miei collaboratori mostravano di comprendere il senso del mio discorso e avevo la sensazione che mi avrebbero seguito nei cambiamenti. Tuttavia, con disappunto devo invece rilevare che, dopo piccoli segnali di miglioramento, tutto naufragava tornando inesorabilmente come prima. In altre parole, a oggi, nonostante l'urgenza del cambiamento, si continuano ad adottare sul mercato gli stessi comportamenti obsoleti di sempre. Si continua purtroppo a non comprendere che comportamenti che qualche anno fa erano sufficienti a creare abbondanza di contatti e di fatturati, oggi invece servono solo ad aumentare le spese dell'azienda e la demotivazione degli stessi venditori.

Questi, poi, sono bravissimi ad autoconvincersi e a sostenere anche con gli altri le tesi, a mio avviso troppo comode, secondo le quali: «I clienti vogliono il prezzo.», «Soldi non ce ne sono.», «C'è troppa concorrenza.», «Dobbiamo praticare più sconti.», «Dobbiamo concedere pagamenti più agevolati.», «Noi non abbiano l'esclusiva.» e, come ciliegina sulla torta, arriva la tanto sbandierata affermazione: «C'è la crisi!»

Ora mi chiedo se chi dice queste banalità, crede davvero fino in fondo che siano reali; se così fosse, infatti, coloro che continuano a fare il mestiere di venditori di beni durevoli oggi sarebbero solo dei poveri illusi. Il fatto è, invece, che le cose stanno molto diversamente: coloro che fanno il mestiere di consulenti commerciali di beni durevoli non sono assolutamente degli illusi, tutt'altro! Si tratta, al contrario, di persone che hanno intelligenza da vendere e i cui unici limiti sono, forse, il buio, l'omologazione e la paura della dedizione al lavoro.

Da queste considerazioni e analisi sono iniziate le mie "scoperte", se così si può dire, dato che non ho creato nulla di nuovo. Si tratta di verità che esistono di per sé e che hanno bisogno solo di essere viste dai nostri occhi troppo spesso appannati dall'ego.

La "scoperta" sta nel fatto che oggi, poiché è sicuramente vero che esiste la crisi dei consumi, che esiste la concorrenza, non possiamo affatto permetterci il dannosissimo lusso di stare immobili ad aspettare che qualcosa cambi. Dobbiamo darci da fare perché le cose cambino! In un mercato così affollato, in cui tutto sembra uguale e nei fatti lo è, è inutile continuare all'infinito a essere uguali: si deve essere unici e irripetibili! E che cosa è rimasto oggi di unico e irripetibile? Tu!

Quello che ho scoperto alla fine era lì davanti a me: si potrebbero produrre e commercializzare prodotti unici, in esclusiva, ma poi alla fine molto velocemente qualcuno li copierà e li venderà a un prezzo più basso. Per essere diversi, veramente unici, bisogna lavorare non sulle cose, ma sulle persone, intese come individui unici e irripetibili.

Nuotare in un oceano rosso del sangue degli sconti che si è costretti a praticare per concludere un affare, di prezzi bassi, di pagamenti assurdi, servire clienti indegni dei servizi offerti, tutto questo bisogna lasciarlo agli altri. Tu devi solo mettere impegno a essere te stesso, integro, e nuotare verso l'oceano blu dove si vince senza competere, come recita il detto secondo cui «Il vero stratega vince le battaglie senza combattere.»

La grande scoperta, dunque, è dentro di noi, basta poco per attuare il cambiamento, bisogna decidere di volerlo, oppure sarà meglio cambiare mestiere. Ho voluto fare questa premessa per prepararti all'utilizzo dei dati che avrai la fortuna di avere a disposizione, dati molto potenti che, se usati correttamente, ti faranno uscire dal pantano dell'abbastanza e della mediocrità e ti faranno prendere la via dell'eccellenza e dell'abbondanza. Leggi e studia questo libro e ti assicuro che tutto questo ti cambierà la vita.

Buona lettura!

*Isidoro Bonarrigo*

# GIORNO 1:

## Come avvicinarsi alla comprensione del sé

Molto probabilmente alcuni dati di questo capitolo potranno sembrarti fuori dalla realtà, potresti non essere d'accordo su alcuni concetti, ma una cosa è certa: funzionano! Forse sarà meglio iniziare a spiegare il "sé" e successivamente passare a illustrare i concetti di "libertà" e di "luce".

A tutti capita, a volte, di farsi domande sull'esistenza, sull'universo e in genere sui grandi interrogativi metafisici a cui l'uomo da tempo immemore cerca di fornire una risposta per dare un senso alla propria esistenza. Ovviamente, in base agli studi intrapresi e al proprio credo, ognuno di noi procede ad analisi e arriva a conclusioni personali che ci convincono oppure ci creano ancora più dubbi e confusione.

Il modo migliore per disporsi alla conoscenza di certe verità è partire da se stessi.

Bisogna cominciare a parlare con se stessi, a mettersi in comunicazione con se stessi come individui unici e consapevoli di essere consapevoli. Occorre, cioè, pensare a se stessi non solo come entità anagrafiche, ovvero come persone con un nome e un cognome, ma come "esseri consapevoli".

Mi spiego meglio. Io sono io a prescindere dall'aspetto e dalla condizione che sto vivendo in questa realtà, io sono un essere consapevole, cioè so esattamente chi sono, che cosa sono e che cosa voglio, a prescindere da quello che l'ambiente di questa realtà cerca di propinarmi. Il sé sono io come persona con la mia libertà, con il mio potere di scelta e quindi, nonostante l'ambiente possa essere sgradevole oppure pericoloso, io rimango io; nonostante mi mettano in carcere fisicamente, io rimango io; nonostante le tentazioni, i compromessi verbali e le pressioni sociali siano enormi, io rimango io.

Quando invece diventiamo quello in cui l'ambiente ci ha trasformato, abbiamo perso il sé e, di conseguenza, la libertà. Ci toccherà, dunque, passare la vita dentro un carcere con sbarre fatte di stereotipi, pregiudizi, status, paure di essere scoperti, ansie, cose futili, bassi valori, egoismo. Così perderemo progressivamente e definitivamente il potere di scelta, che è il più grande dei poteri che Dio ci abbia donato.

Il sé sei tu come essere, ma se non ti riconosci esattamente come sei e ti vedi con i veli dei falsi valori che la società ti modella addosso, perdi te stesso; magari vivi in un corpo bello e ricco, ma certo privo del suo sé. Questi veli, infatti, avranno avuto il potere di chiudere la comunicazione con il tuo sé e tu, quindi, sei qualcos'altro.

**SEGRETO n. 1: il sé sei tu in quanto persona; tu sai esattamente chi sei stato, chi sei adesso e chi vuoi essere nel futuro, nonostante i successi, gli insuccessi, i fallimenti.**

Ecco perché poi, stranamente, nonostante i successi, capita di non sentirsi mai appagati, mai contenti anche se si finge di esserlo. Stranamente si vive una vita che non si sente come propria nonostante sia agiata. Oppure ci si trova a fare qualcosa che non ci piace assolutamente, che si vorrebbe distruggere anche quando una parte di noi ci dice che un'azione così irrazionale non sarebbe opportuna. O, ancora, ci si accosta a ciò che si deve fare in modo totalmente passivo, senza alcuna iniziativa, senza alcuna decisionalità, senza alcuna idea. In questo modo, agiamo come fossimo robot, facendo solo ciò che ci dicono di fare per poi poter scaricare le nostre responsabilità su qualcun altro, se per caso le cose non andassero come dovrebbero e se i risultati non fossero quelli che devono essere. Ci si comporta, insomma, come un cubo che si muove solo se qualcuno lo sposta.

**SEGRETO n. 2: bisogna evitare l'atteggiamento del cubo che si muove solo se è posto in discesa oppure se qualcuno lo spinge verso una direzione che non è stata scelta dal lui.**

Dov'è il sé in un individuo del genere? E tu, ti riconosci nel modello negativo che ho appena descritto? Penso che ognuno di noi, relativamente a certi suoi comportamenti, si riconosca in esso. Ciò è perfettamente normale, dato che ogni uomo, nessuno escluso, ha perso il proprio sé e di ciò nessuno si rende conto. Sì, perché chi ha perso totalmente il sé è invece convinto di non averlo perso affatto e questa è un'ulteriore beffa che noi stessi ci procuriamo.

Ma come si perde il sé? E come ci si riappropria di esso? Le persone vogliono veramente ritrovare il sé? Ebbene, se desideri veramente riappropriarti del tuo sé, devi prima necessariamente passare attraverso un nobile percorso di conoscenza che ti porterà ad avere la cognizione esatta di che cosa siano la luce e la libertà. Solo quando ti sarà chiara l'essenza di questi due "pilastri" della conoscenza, potrai fare pace col tuo sé e tornerai a ospitarlo dentro di te.

**SEGRETO n. 3: ognuno di noi nella propria vita ha perso il sé in modo parziale, solo chi è convinto di non averlo mai perso l'ha perso totalmente e definitivamente.**

L'uomo quando nasce è libero da pregiudizi, congetture, stereotipi e altre barriere alla luce e alla libertà. Poi cresce in un certo ambiente con una certa educazione e fa certe esperienze che mettono dei veli alla sua luce e delle sbarre alla sua libertà. Così egli comincia a scendere a compromessi, non solo con gli altri, ma sopratutto con se stesso. Diventa un'altra persona, la persona che l'ambiente ha plasmato e trasformato. Per capire meglio questo concetto, occorre prima rendere l'esatta idea di che cosa significhino le parole libertà e luce.

Partiamo dal concetto di libertà. Non so se ti è mai capitato di avere la sensazione di fare delle cose che non vorresti fare, di fare cioè delle cose verso le quali non hai alcuna motivazione e di farle con uno sforzo enorme. Inoltre, mentre le fai, ti pare che sia tanta la stanchezza che accumuli da non volerle più rifare assolutamente. Credo poi che a chiunque sia capitato di dover prendere decisioni che non avrebbe voluto prendere, di non poter dire quello che pensava liberamente, oppure di trovarsi in una condizione di esistenza che non rispecchia i propri sogni e il proprio essere.

E ti sarà pure capitato di non sapere che cosa vuoi dalla vita, di non avere idea di chi vuoi essere, di non avere mete, scopi e di fare le cose così, secondo quello che ti viene propinato dalla sorte e dal mondo che ti circonda. Ebbene, questa è la stessa sensazione che prova ogni giorno chi è in carcere e non ha alcuna speranza di uscirne: la sensazione di mancanza di libertà. È, in pratica, la sensazione di chi non conosce e non possiede una facoltà imprescindibile per una qualità dignitosa della vita, che si chiama "potere di scelta del sé".

Si tratta di un potere che a volte non hanno neanche i grandi capi di aziende né tantomeno i grandi capi di Stato, poiché essi, più di molti altri, sono diventati quelli che l'ambiente, il potere dei soldi, la paura, i compromessi li hanno fatti diventare. Quindi, pur essendo persone che comandano il mondo, scatenano le guerre, mandano le persone in carcere ed esse stesse hanno la sensazione di essere in un carcere.

Da ciò si evince un concetto chiaro: la libertà non è fare tutto quello che ci va di fare a prescindere dagli altri, ma è piuttosto vivere la vita nel rispetto del proprio sé e di quello altrui e alla ricerca della luce che indica la strada e che dà il massimo appagamento in questa vita terrena e nelle vite a venire, se mai altre ce ne fossero.

**SEGRETO n. 4: libertà non è fare tutto quello che ci va di fare a prescindere dagli altri, ma è piuttosto vivere la vita nel rispetto del sé proprio e altrui.**

Passiamo ora al secondo concetto, quello di luce. Che cosa è la luce? Immagina di essere in una stanza: devi studiare oppure devi fare delle cose importanti e la stanza è al buio; la tua sensazione iniziale, oltre al disappunto di non riuscire materialmente a studiare e a compiere nessuna altra azione, è di paura. Se provi a muoverti, infatti, rischi di rompere qualcosa e di farti del male, specialmente se nella stanza ci sono dei pericoli e tu non sai dove sono posizionati, che dimensioni hanno e di che tipo sono.

Magari a un certo punto la necessità, l'incoscienza, il coraggio, ti porteranno a muoverti alla cieca e, chiaramente, a non concludere nulla se non farti male. A quel punto, comincerai ad arrabbiarti, a odiare la stanza, a spaccare tutto per poi rinunciare a fare qualsiasi cosa, rimanendo immobile sino alla fine dei tuoi giorni.

Se invece, prima di muoverti alla cieca, tentassi di accendere un fiammifero, poi una candela, poi qualche lampadina e poi anche il lampadario fino ad avere una visione molto chiara della stanza, certamente cominceresti a fare quelle cose che prima ti sembravano pericolose. Metteresti ordine in modo molto più semplice e veloce fino a muoverti sempre più agevolmente, con serenità, senza ansie o paure perché avresti il pieno controllo della stanza.

Quella della stanza è una metafora che ho usato per rendere più chiaro il rapporto che intercorre tra il sé e la luce: la stanza è il sé, la luce è l'etica. Finché non c'è etica si rischia di non poter agire e, se si agisce alla cieca, di farsi male. Se invece si riesce a trovare uno spiraglio di etica e poi a farla radicare e crescere in noi, allora sarà facile rimettere in ordine tutto quello che c'è nel nostro sé e prenderne pieno possesso.

La luce, dunque, è l'etica. Se vuoi vedere le cose in modo chiaro, devi essere "etico", cominciando dal non prendere in giro nessuno, perché nello stesso momento in cui prenderai in giro qualcuno, prenderai in giro te stesso e comincerà a calare l'energia della luce. Forse ti sembrerà, così facendo, di otterrete risultati economici, di avere successo nel lavoro e nelle relazioni con l'altro sesso, ma alla lunga fallirai in tutto, a livello umano e a livello professionale.

Magari resterai anche economicamente ricco, ma sicuramente ti sarai impoverito di tutte le altre ricchezze che concorrono a rendere un uomo veramente tale. E soprattutto, non dimenticarlo e non sottovalutarlo, avrai perso il sé.

**SEGRETO n. 5: la luce è l'etica, se non c'è etica si rischia di non poter agire in libertà.**

Perdere il sé non è, in ogni caso, un fatto irrimediabile, perché in qualsiasi momento, chiunque si "risvegli" dal torpore dei falsi valori, potrà riappropriarsene. Basterà assumersi le proprie responsabilità, adottare un nuovo modo di comportarsi e darsi un tempo proporzionato a quanta luce si deve e si vuole vedere.

Il nuovo comportamento sarà improntato essenzialmente all'onestà e alla correttezza e si concretizzerà in cose come mantenere gli accordi precedentemente stretti, rispettare le persone, rispettare l'ambiente che ci circonda e soprattutto rispettare se stessi. Tutto questo può sembrare semplice da realizzare, ma ti assicuro che, abituati come siamo a mentire per sopravvivere, vivere nella verità ti sembrerà un inferno e inoltre troverai l'ambiente ostile a tutto questo. Per renderti meglio l'idea di ciò che ho detto, mi rifaccio all'esempio, proprio della cultura orientale, del fiore di loto che riesce a rimanere bianco pur vivendo nel fango.

Ciò significa, in buona sostanza, che nonostante sia perfettamente vero che l'ambiente che ci circonda è pericoloso e ambiguo, ciò non deve rappresentare una giustificazione al fatto che per sopravvivere bisogna far scendere il sé a compromessi con esso. Poi, come in qualsiasi azione, solo tu puoi decidere se essere un cubo o una sfera e solo tu sai che cosa scegliere tra il "devo" e il "voglio".

Se "devi" fare qualcosa, sicuramente essa ti risulterà difficile, faticosa e troverai duemila alibi per non farla, ma se "vuoi" fare qualcosa, la fai e basta, senza che la fatica e gli ostacoli siano un problema. Anzi, possibilmente essi ti faranno sentire vivo e ti daranno quella sensazione di potere che solo l'uomo consapevole di essere consapevole può provare: nessun altro essere può provare la grande emozione di essere vivo!

**SEGRETO n. 6: il potere di scelta è il più grande dei poteri in nostro possesso.**

**Esercizi del Giorno 1:**

- Cerca nel glossario interno oppure in un buon vocabolario le parole mal comprese che hai trovato e vai avanti solo se le hai comprese tutte
- Scrivi chi sei veramente, quali sono i tuoi valori e i tuoi dati stabili.
- Scrivi i risultati della sfera privata e professionale che ti sei prefissato per i prossimi cinque anni. I risultati, in quanto mete, devono essere scritti solo in termini di spazio, materia, tempo e non in termini di azioni. L'importante, dunque, è che tu cerchi di scrivere solo i risultati. Per esempio dire: «Studierò l'inglese.» è un'azione e non un risultato, dunque è sbagliato; al contrario dire: «Sarò in grado di parlare l'inglese.» è un risultato, quindi è giusto.
- Scrivi le tue potenzialità e le tue lacune di conoscenza.
- Predisponi un piano di formazione e di miglioramento personale.

RIEPILOGO DEL GIORNO 1:

- SEGRETO n. 1: il sé sei tu in quanto persona; tu sai esattamente chi sei stato, chi sei adesso e chi vuoi essere nel futuro, nonostante i successi, gli insuccessi, i fallimenti.
- SEGRETO n. 2: bisogna evitare l'atteggiamento del cubo che si muove solo se è posto in discesa oppure se qualcuno lo spinge verso una direzione che non è stata scelta dal lui.
- SEGRETO n. 3: ognuno di noi nella propria vita ha perso il sé in modo parziale, solo chi è convinto di non averlo mai perso l'ha perso totalmente e definitivamente.
- SEGRETO n. 4: libertà non è fare tutto quello che ci va di fare a prescindere dagli altri, ma è piuttosto vivere la vita nel rispetto del sé proprio e altrui.
- SEGRETO n. 5: la luce è l'etica, se non c'è etica si rischia di non poter agire in libertà.
- SEGRETO n. 6: il potere di scelta è il più grande dei poteri in nostro possesso.

# GIORNO 2:
# Come passare dall'abbastanza all'abbondanza

**Qual è la differenza tra "abbondanza" e "abbastanza"?**

Per molte persone non esiste alcuna differenza, per altre la differenza è minima, altre ancora non comprendono che differenza possa esserci. È invece importante sapere che "abbastanza" e "abbondanza" sono delle idee, sono i due diversi modi in cui si può decidere di progettare la giornata, la settimana, i mesi, gli anni, la vita intera. Sono il modo di pensare e quindi di fare le cose di ogni persona.

Per essere concreto, ti farò qualche esempio partendo dall'ambito dello studio. Una persona deve fare un esame e deve studiare delle cose, deve leggere un libro; essa sceglierà tra due modi di studiare: secondo il principio dell'abbastanza, darà una lettura superficiale e tardiva al materiale di studio in modo da sapere quel tanto che basta per superare l'esame, il minimo indispensabile. Se agirà invece secondo l'idea dell'abbondanza, essa leggerà il materiale di studio per tutte le volte che sarà necessario al fine di "possedere" gli argomenti e quindi di ottenere l'eccellenza del risultato.

**SEGRETO n. 7: "abbastanza" e "abbondanza" sono i due diversi modi in cui si può decidere di progettare la giornata, la settimana, i mesi, gli anni, la vita intera.**

Seguire il principio dell'abbondanza non significa essere ambiziosi e desiderosi di successo a tutti i costi o perseguire l'idea non sempre sana che il fine giustifichi i mezzi. Chi segue la via dell'abbondanza sa invece che per arrivare alla meta deve lavorare sodo e basta, senza accordarsi sconti o concedersi deviazioni da ciò per cui s'impegna. L'idea dell'abbondanza prospetta non desideri, ma solo mete, l'idea dell'abbondanza è godere dei risultati voluti e ottenuti e predisporsi per volerne e ottenerne sempre di nuovi.

Adesso trasportiamo tutto questo nella nostra realtà: un responsabile commerciale ha un territorio, ha dei target, ha dei prodotti che deve promuovere, diciamo che ha pure l'opportunità per diventare qualcuno riconosciuto come persona di grande valore. Poi, in seguito, inizia ad andare in giro dai clienti in modo poco programmato e disordinato, spera di fare qualche affare o che qualche contatto vada a buon fine e non s'impegna per creare nuovi orizzonti per sé e per l'azienda.

Così, in modo inconscio, egli comincia a segnalare tutte le difficoltà che incontra, come il fatto che in giro non ci sono soldi, che i clienti "cercano il prezzo", che i preventivi devono essere più vantaggiosi per il cliente altrimenti lui passerà alla concorrenza e problemi, problemi, problemi…

Con questo modo di fare, egli comunica il peso enorme che sente sulle sue spalle e lo trasmette a tutti sotto forma di un vaniloquio che porta avanti solo problemi, come se fosse pagato solo per comunicare che nel mondo ci sono problemi! Penso che per sapere che nel mondo ci sono problemi non ci sia bisogno di pagare nessuno, le uniche persone che meritano di essere pagate sono quelle che ottengono risultati senza parlare dei problemi, perché sono pagate non per parlarne ma per risolverli.

La verità è piuttosto un'altra: a causa della sua idea dell'abbastanza, quel responsabile delle vendite si è preparato poco, ha creato pochi contatti e ha fatto pochi preventivi. Inoltre, quando gli è capitata la possibilità di concludere di contratto, si è accontentato di quello che è riuscito a ottenere, magari con grandi sacrifici per l'azienda ma senza puntare da subito più in alto.

L'idea inconscia che lo ha guidato è stata la stessa che ha guidato la persona che ha ricevuto un uliveto più o meno grande in eredità e pensa che se il raccolto gli andrà bene potrebbe sopravviverci un anno. Spera che non grandini, che qualche parassita non gli rovini il raccolto, magari ogni tanto fa qualche lavoretto, ma sostanzialmente vive nella speranza che il raccolto gli salvi l'anno senza adoperarsi per realizzare qualche altra attività quotidiana produttiva.

Poi succede che la stagione non va bene e lui si accontenterà di quello che il raccolto gli darà. Ma la cosa aberrante è che darà la colpa di tutto al tempo, alla sfortuna, ai parassiti, alla Comunità Europea e a mille altri fattori fuorché a se stesso.

L'idea dell'abbastanza è quella che guida il venditore che pensa di ottenere risultati da pochi clienti, da poco territorio, da poche visite, da pochi obiettivi. L'idea dell'abbastanza fa sì che egli arrivi a credere la cosa più assurda che un venditore possa credere e cioè che se per caso il suo fatturato aumentasse, comunque non aumenterebbe solo il suo guadagno, ma aumenterebbe soprattutto la sua fatica ed egli non avrebbe più tempo per null'altro che non sia il lavoro. Questa è l'idea più stolta che un uomo possa generare, una paura assurda pari alla paura di respirare, camminare o vivere!

**SEGRETO n. 8: la via dell'abbastanza è quella percorsa da chi lavora "alla giornata".**

Chi invece vive seguendo l'idea dell'abbondanza, inizia a non risparmiarsi già a partire dalla formazione. Prepara un vasto e capillare piano di visite e contatti creando una grande quantità di appuntamenti con conseguente abbondanza di preventivi, cosicché, se anche qualche preventivo non dovesse andare in porto o venisse procrastinato, comunque avrà sempre molti altri contratti da concludere. Questo modo di operare avrà anche, come conseguenza, un grande potere di scelta nel momento in cui, per concludere una trattativa, il mercato chiedesse al consulente commerciale troppi sacrifici di margini e pagamenti.

L'idea dell'abbondanza si organizza con piani a medio e lungo termine: chi la segue, cura la sua clientela e cerca sempre di averne di nuova, non si dà limiti di fatturato e quindi di guadagni, perché oggi i guadagni ci sono ma domani potrebbero non esserci. Quando si crea abbondanza, si crea abbondanza anche di conoscenza e quindi di organizzazione.

Seguendo l'idea dell'abbondanza, quando il consulente commerciale arriverà al massimo dell'autoproduttività, riuscirà a continuare a creare ancora abbondanza. Ciò fino a quando, dopo un periodo di grande sacrificio delle proprie forze e del proprio tempo, egli passerà a un "salto" mentale e quindi a un cambio di potere per cui, invece di produrre tutto in proprio, avrà creato tanta abbondanza da essere in grado di far produrre anche agli altri e di triplicare i target dell'azienda.

Quindi, tornando all'esempio dell'uliveto, se l'erede applicherà l'idea dell'abbondanza, egli, oltre a curare il suo terreno in modo attento e preciso, creerà anche un orto fatto di prodotti che potrà raccogliere ogni giorno e che, seminato, concimato e zappato con costanza, gli procurerà raccolto in grande abbondanza e per sempre. In sintesi: se pensi in termini di abbastanza, vivrai nella mediocrità in tutte le cose che farai; se pensi in termini di abbondanza, vivrai nell'eccellenza in tutte le cose che farai e vivere in eccellenza significa faticare molto meno di quanto non si fatichi a vivere nella mediocrità.

**SEGRETO n. 9: la via dell'abbondanza è quella percorsa da chi vive nell'eccellenza progettando il futuro.**

**Esercizi del Giorno 2:**

- Cerca nel glossario interno oppure in un buon vocabolario le parole mal comprese che hai trovato e vai avanti solo se le hai comprese tutte.
- Scrivi sinceramente quale è la tua idea attuale: "abbondanza" o "abbastanza"?

- Scrivi un piano di azione per cambiare la tua eventuale condizione di abbastanza.
- Scrivi quali attività fare in abbondanza.
- Scrivi un piano con queste attività e falle!

RIEPILOGO DEL GIORNO 2:

- SEGRETO n. 7: “abbastanza” e “abbondanza” sono i due diversi modi in cui si può decidere di progettare la giornata, la settimana, i mesi, gli anni, la vita intera.
- SEGRETO n. 8: la via dell’abbastanza è quella percorsa da chi lavora “alla giornata”.
- SEGRETO n. 9: la via dell’abbondanza è quella percorsa da chi vive nell’eccellenza progettando il futuro.

# GIORNO 3:
## Come creare una miniera d'oro di clienti

Il "cliente" è colui che acquista presso un soggetto che si definisce "venditore". Tra cliente e venditore intercorre un intenso rapporto alla cui base stanno precise regole e precisi accordi. Purtroppo, bisogna ammettere che oggi il valore di questo rapporto è dato un po' troppo per scontato e che di esso si è perso il senso, banalizzandolo.

Sembra tutto molto simile a ciò che oggi sta accadendo per il matrimonio, un "contratto" tra due persone che implica degli accordi, spesso sancito davanti a un altare, che prevede che si giurino delle cose e che si firmi un documento legale. Purtroppo sempre più spesso si sta rivelando solo una formalità di cui in breve tempo non si tiene più conto. Infatti, la maggior parte di questi accordi, se mai fossero mantenuti, sono realizzati con notevoli sforzi come se fossero delle violenze o delle restrizioni alla propria libertà.

Tutto questo succede perché si dà ormai per scontato un rapporto che ha invece un grande valore. In questo modo si perde la cognizione di esso e lo si tratta in modo così superficiale da acquisire degli atteggiamenti simili a un vero e proprio auto-boicottamento, per poi arrivare a cancellare ogni cosa bella che si è costruita con grande sacrificio insieme all'altro.

Questa stessa dinamica si verifica anche con il soggetto professionale, che spesso, nel momento in cui decide quale sarà la sua professione, non si rende nemmeno conto di quali saranno le azioni reali e di responsabilità che tale professione comporta per mantenere sempre un livello di eccellenza, nonostante le difficoltà di percorso che essa implica. La professione di chi vende comporta prima di tutto un accordo con se stesso e una scelta sul livello di standard che si vuole raggiungere e questo passa attraverso la scelta dello standard di cliente a cui ci si vuole rivolgere.

**SEGRETO n. 10: tra cliente e venditore intercorre un intenso rapporto alla cui base stanno precise regole e precisi accordi.**

Ovviamente, se ci si accontenta della mediocrità o di qualsiasi persona-cliente, un venditore prende quello che gli capita e diventa a sua volta un venditore di quello che gli capita, senza porsi il problema di che livello di persone-clienti si ritroverà dopo un po' di anni di lavoro.

Invece, il tipo di persona-cliente con cui si sceglie di avere a che fare è importante, perché il valore del venditore passa anche attraverso il livello di persone-clienti che egli è riuscito a creare nel passato, quello che riesce a mantenere nel presente e quello che riuscirà a creare e a mantenere in futuro.

Con il soggetto persona-cliente si stringe l'accordo di ascoltare e vivere la sua professione, quindi di capire che cosa significa per la persona-cliente ottenere risultati dal proprio lavoro, di capire quali sono i problemi legati alla professione, che forse neanche lui sa di avere, ma che lo rendono ansioso e infelice.

La persona-cliente è un soggetto che vive in un certo ambiente e che ha sui venditori idee stereotipate che non sono certamente molto positive, visto che comunque la maggior parte di essi hanno un tipo di approccio molto comune e poco professionale. Il cliente è una persona fatta di lacune ma anche di potenzialità, è una persona che ha dei difetti ma anche dei pregi, che ha una corazza, ma non impenetrabile. Il cliente è una persona fatta di carne, ossa e sangue, ma soprattutto di emozioni.

Poiché con la persona-cliente il consulente commerciale ha a che fare, è necessario che egli la conosca a fondo e che se la scelga secondo il tipo di rapporto che vuole realizzare. Se ciò non avverrà, sarà difficile che il venditore possa consigliare e influenzare il proprio cliente riguardo all'acquisto.

Il consulente commerciale dovrà avere un rapporto diretto e continuativo con il proprio cliente e insieme a lui dovrà impostare i postulati di successo di entrambi, con soluzioni per sviluppare e risolvere, ma sopratutto idee per creare abbondanza reciproca.

**SEGRETO n. 11: la professione di chi vende comporta prima di tutto un accordo con se stessi, una scelta sul livello di standard che si vuole raggiungere.**

**Come si costruisce la miniera d'oro**

Tutti i proprietari di patrimoni immobiliari eccellenti hanno l'interesse massimo di realizzare un censimento che evidenzi le caratteristiche, le particolarità e le criticità dei loro beni immobili. Proprio come un proprietario di patrimonio immobiliare, il consulente commerciale deve tenere il censimento del suo "patrimonio", che è rappresentato dai clienti.

Egli, cioè, deve possedere un aggiornamento costante ed estremamente dettagliato dei suoi clienti, che può consistere nella realizzazione di un database informatico o di uno schedario cartaceo che gli permetta di valutare in qualunque momento e visivamente l'esatto valore di essi.

Non esiste sistema di valutazione dei clienti più sicuro ed efficace di questo affinché il consulente commerciale possa svolgere al meglio le operazioni commerciali più comuni connesse col suo lavoro. Ad esempio, realizzare il piano di target da consegnare obbligatoriamente al proprio direttore commerciale ogni mese o fare una pianificazione delle proprie attività giornaliere. Solo attraverso una simile organizzazione, egli pone le basi per raggiungere l'eccellenza professionale.

**SEGRETO n. 12: il valore del venditore passa anche attraverso il livello di persone-clienti che egli è riuscito a creare nel passato, quello che riesce a mantenere nel presente e quello che riuscirà a creare e a mantenere in futuro.**

Il venditore del passato pensava che ogni giorno bisognasse cercare un nuovo cliente, che ogni giorno si dovesse verificare la congiuntura fortunata foriera della nuova opportunità che assicurava il suo sostentamento. E andava a cercare sempre nuovi clienti, possibilmente tentando di portarli via alla concorrenza e ciò con sempre maggiore sacrificio di sconti e pagamenti e infine con magre vincite.

Metaforicamente, il consulente commerciale che si reca da un nuovo cliente per cercare di scalzare la concorrenza con il metodo tradizionale è come un minatore che debba scavare una montagna di granito durissimo, con la speranza di trovare l'oro, ma senza che di fatto abbia la certezza di trovarlo.

Se egli cercherà da subito di scavare senza procedere per gradi, presto sarà stanchissimo e forse non riuscirà a trovare nulla; ma se, invece, egli entrerà con il suo piccone nella zona della miniera già scavata, e la illuminerà e scaverà giorno per giorno nel terreno possibilmente più friabile, allora sarà più probabile che possa trovare qualche pepita d'oro e, perché no, anche un filone d'oro. In tal caso, anche quando egli non dovesse trovare nulla, avrà per lo meno risparmiato anche in fatica e denaro.

Il parco clienti esistente, che a volte viene abbandonato o curato in modo superficiale e discontinuo, oggi è in realtà la miniera d'oro da cui il consulente commerciale deve partire per ottenere successi. Infatti, è inutile andare a cercare altri clienti, se quelli che sono stati acquisiti nel passato vengono lasciati alla concorrenza, solo perché si pensa che: «Tanto questi hanno già comprato tutto!» Come fa un venditore a sapere che quel cliente ha già comprato tutto se neanche lo conosce e lo ha visto magari solo quando gli ha fatto la prima e unica vendita?

**SEGRETO n. 13: il parco clienti esistente deve essere curato con continuità perché è la risorsa da cui il consulente commerciale deve partire per ottenere i suoi successi.**

Il venditore, attraverso il suo database o il suo schedario ha, di fatto, l'opportunità di raggiungere tanti clienti che già lo conoscono come persona, ma che sicuramente non sanno tutto quello che c'è da sapere sui prodotti dell'azienda che egli rappresenta. E, allora, perché non andare ad attivare una linea di comunicazione continua ed efficace in modo che quanti più clienti possibili abbiano quante più informazioni possibili da parte del consulente commerciale sulle novità e sugli aggiornamenti relativi ai prodotti dell'azienda per cui egli lavora?

La miniera d'oro viene alimentata solo se ai clienti si forniscono, in modo periodico e mirato, tutte le informazioni relative alle attività che l'azienda organizza. Non dare per scontato che il cliente, nelle poche volte che lo hai incontrato, si sia fatto un'idea completa di tutto quello che la tua organizzazione produce o commercializza.

Sappi che, quando va bene, durante un incontro il cliente riesce a ritenere le informazioni riguardanti solo il 25% dei prodotti dell'azienda. Il resto magari lo acquisterà da qualche altro concorrente che dovesse passare di lì e gli dovesse proporre un prodotto che magari egli, anche se fidelizzato, non sa che anche tu tratti.

**Capire l'importanza della miniera d'oro**

La miniera d'oro è là dove andare a raccogliere quando c'è flessione di mercato. La miniera d'oro è però, anche uno strumento molto importante per il consulente commerciale che ha l'idea dell'abbondanza e che non vuole rischiare di perdere la risorsa più importante su cui fare affidamento per poter programmare bene la propria settimana lavorativa. Ma, sopra ogni cosa, la miniera d'oro è uno strumento utile per programmare la propria carriera professionale ed economica.

**Come creare i tuoi "deejay radio azienda"**

Il cliente è un'entità che, vivendo in un dato territorio, socializza e crea relazioni per un raggio d'influenza proporzionale alla sua attività e alla sua leadership. Ora, se questo cliente ha una buona stima del consulente commerciale con cui è in contatto e informazioni dettagliate sull'azienda che egli rappresenta, si trasforma in un terminale di comunicazione potentissimo. Infatti, all'interno del territorio in cui opera, e attraverso i giudizi entusiastici e le opinioni positive che esprimerà nei confronti del suo consulente fornitore, non farà altro che creare contatti in modo molto più efficace di quanto non riesca a fare la costosa pubblicità.

**SEGRETO n. 14: il cliente crea relazioni per un raggio d'influenza proporzionale alla sua attività e alla sua leadership.**

Questo tipo di cliente è il "deejay radio azienda", ovvero un soggetto che, come un deejay, parlerà del consulente commerciale e dell'azienda in modo così positivo ed entusiasta che i nuovi clienti conosceranno già l'azienda come seria e competente. Questo agevolerà fortemente il consulente commerciale sin dal primo appuntamento con un nuovo potenziale cliente.

**SEGRETO n. 15: un cliente soddisfatto parlerà del consulente commerciale e dell'azienda in modo così entusiasta che i clienti nuovi avranno un approccio positivo all'azienda.**

Ogni azienda è munita di deejay radio azienda, ma il problema è: quanti ne ha? Di che qualità sono? Dove sono? E, soprattutto, come si fa a creare tanti deejay radio azienda? Innanzitutto, ogni consulente commerciale responsabile dovrebbe procedere a una sorta di "censimento" per farsi un'idea di quanti deejay ha. Se ne ha molti, sicuramente non starà neanche leggendo questo libro perché non ha veramente il tempo: piuttosto starà contando i soldi che sta guadagnando.

Se non ne ha neanche uno forse anche in questo caso non starà leggendo questo libro: avrà smesso già da tempo di fare questo mestiere, a meno che non sia un mantenuto oppure l'erede di qualche grande fortuna! In caso contrario, sarebbe bene che egli seguisse e applicasse tutte le tecniche e i principi di questo ebook. Una cosa è certa: il consulente commerciale del futuro, anche se dovrà cercare nuovi clienti con il metodo, peraltro obsoleto, del "porta a porta", dovrà iniziare da subito a usare in modo preciso tutti i principi del filo di Arianna, di cui parleremo nel prossimo paragrafo. Come d'incanto, tante radio azienda cominceranno a trasmettere una tale quantità di pubblicità che non ci sarà il tempo per star dietro a tutti quelli che lo cercheranno, anche quando il mercato avrà qualche recessione.

I soli costi che ha radio azienda sono la responsabilità, la professionalità, l'etica e una giornata di lavoro alla settimana del consulente commerciale. Costa di più passare settimane in attesa di opportunità che non arrivano con l'ansia della prestazione, del fatturato e con gli alti e bassi delle stagioni piuttosto che dedicare la propria professionalità non solo alla raccolta, ma anche alla creazione dei deejay radio azienda, alla loro crescita e informazione.

**Come costruire il "filo di Arianna"**

A volte si sottovalutano cose talmente importanti che finiamo per dimenticare che esse sono quelle da cui dipende la nostra condizione di esistenza e la nostra professione. Avere sempre le informazioni del patrimonio clienti è una di queste cose, ovvero uno dei prodotti primari che un consulente deve produrre sin dai suoi primi giorni di attività. L'attività tesa a sapere che cosa stanno facendo tutti i clienti del consulente commerciale diventa sempre più uno strumento che assicura abbondanti preventivi e proposte che possono essere pilotate con pochi sforzi e senza sprechi di energie.

Se ti trovi a parlare con diversi venditori, tutti ti diranno di conoscere i loro clienti, di andarli a trovare sempre, di cercare di sapere che cosa stiano facendo. Stranamente, però, appena chiedi loro qualche dato, qualche statistica, qualche analisi o relazione circa la loro clientela, nella maggior parte dei casi essi cominciano a tergiversare e non sono capaci di produrre nulla di quanto richiesto.

Tutto questo poteva andare bene fino a qualche anno fa, quando a pressoché nessuno dei clienti importava se li andassimo a trovare o se facessimo loro ogni tanto una telefonata. Anche adottando questo modo superficiale di approcciare il cliente, nel passato si riusciva comunque a lavorare, dato che la concorrenza era minore e dunque il portafoglio clienti era stabile e sicuro.

Oltretutto è anche vero che, per il passato, tenere il filo diretto con i clienti poteva rivelarsi difficoltoso e troppo dispendioso perché non c'erano ancora a disposizione le tecnologie avanzate, a basso costo e soprattutto così semplici da utilizzare che abbiamo adesso. Oggi, invece, alla luce del modo in cui sono cambiate le cose, il venditore che ha deciso di continuare a fare questo mestiere con successo, deve assolutamente adottare i principi del filo di Arianna.

Perché parliamo di filo di Arianna? Il nome è preso in prestito dalla mitologia greca e fa riferimento al filo che tenne legato l'eroe ateniese Teseo alla sua innamorata Arianna, quando egli doveva percorrere un labirinto per superare una pericolosa prova, ovvero uccidere il Minotauro e salvare la sua donna. Fu grazie a questo filo che Teseo si salvò e che salvò la stessa Arianna.

Probabilmente, a questo punto, potresti pensare: «Tutto questo cosa c'entra con il nostro discorso?» C'entra, eccome, ti dico! Infatti, così come il filo di Arianna fu il filo materiale ed emozionale che tenne uniti due amanti durante una prova tanto difficile quale quella di uccidere il Minotauro, allo stesso modo di filo di Arianna parlerei quando penso alla linea di contatto periodica, formale ed emozionale, che deve venirsi a stabilire naturalmente tra il consulente commerciale e il cliente. In tal caso, il consulente commerciale corrisponde ad Arianna: egli tiene il filo emozionale per guidare e salvare il cliente-Teseo nel labirinto della concorrenza.

**SEGRETO n. 16: il filo di Arianna è la linea di contatto tra il consulente commerciale e il cliente.**

Per tenere il filo di Arianna, il consulente commerciale deve assolutamente applicare alcuni principi fondamentali e molto importanti, altrimenti non otterrà alcun risultato di abbondanza.

*Il database informatico*

Oggi abbiamo la fortuna di vivere in un'era nella quale la tecnologia delle informazioni costa poco e ha un frontpage accessibile anche a chi di computer non sa granché. Il consulente commerciale si deve munire di un semplice database informatico, dove registrare almeno:

- i dati anagrafici del cliente;

- la classificazione;
- il nome, il numero telefonico e il comportamento dell'influenzatore;
- il nome, il numero telefonico e il comportamento del decisore;
- le azioni di vendita passate, con sconti, pagamenti e note varie;
- le azioni da compiere in futuro, con scadenze;
- le scadenze di visite periodiche obbligatorie;
- l'elenco delle merci vendute;
- l'elenco delle merci da vendere;
- l'elenco delle rovine e criticità del cliente.

Altre informazioni potrebbero essere aggiunte alla scheda-cliente, l'importante è che esse siano utili, aggiornabili e soprattutto vere.

Qualsiasi database deve essere aggiornato immediatamente ogni qual volta si ha una nuova informazione da inserire. Poco o nulla conta il fatto che il consulente commerciale sia troppo impegnato ad andare ogni giorno da questo o quel cliente e non trovi pochi minuti per effettuare questa importante operazione. Il lavoro di aggiornamento del database-clienti è improcrastinabile, in quanto esso è strettamente funzionale all'attività stessa di visita ai clienti.

Sentir dire da un consulente commerciale: «Non ho ancora avuto il tempo di aggiornare la mia agenda.» o «Non ho ancora avuto modo di registrare le novità sul mio database.», equivale pressappoco a sentirgli dire: «Oggi non ho avuto il tempo di lavarmi la faccia o di farmi la barba!» A questo punto, potresti obiettare che ognuno è libero di non lavarsi la faccia o di non farsi la barba, ma dovrai convenire con me che, non curando il proprio corpo e la propria igiene, si finirà per assomigliare a delle persone sporche e degradate. Nello stesso modo, si apparirà dei professionisti trascurati e superficiali se non si adotta un atteggiamento zelante e puntuale nel lavoro.

Dunque, alla luce di quanto detto, occorre cambiare il paradigma della propria professione e dare grande importanza al database-clienti, che è lo strumento base per iniziare bene la giornata e creare già tutti i presupposti per produrre abbondanza e non abbastanza. A te la scelta!

**SEGRETO n. 17: il venditore, di fatto, attraverso il suo database o il suo schedario, ha l'opportunità di raggiungere tanti clienti che già lo conoscono come persona.**

*L'empatia*

Nella storia di Arianna e Teseo c'era un sentimento molto forte che legava i protagonisti del mito, sentimento che ovviamente è improponibile in un rapporto tra consulente commerciale e cliente del futuro! Ma, se non l'amore, il consulente commerciale del futuro deve sicuramente possedere e impiegare col suo cliente una caratteristica comportamentale di quei personaggi: l'empatia.

Ma cos'è l'empatia? Empatia è metterci nei panni della persona che ci è di fronte, provare le sue stesse emozioni, adeguarci al tono emozionale del cliente, in modo tale che costui veda nel consulente commerciale una persona piacevole da ricevere e non una "rottura di scatole". L'empatia, il consulente commerciale o ce l'ha oppure non ce l'ha, quindi se per caso nei confronti di un cliente egli non prova empatia, non proverà neanche stima e comprensione per cui, ai fini del suo lavoro, sarà tutto inutile.

Nello stesso modo sarà inutile anche qualsiasi finta simpatia poiché il cliente se ne accorgerà. In quel caso, il consulente commerciale dovrà cercare almeno due caratteristiche del cliente che gli piacciano e lavorarci su, per arrivare a un minimo di empatia con lui. Se non riesce a instaurare nemmeno questo minimo rapporto empatico, allora sarà meglio che, nel caso di quel cliente, il filo di Arianna lo faccia gestire a qualche altro consulente commerciale.

*La periodicità*

Per sapere come sta un cliente, per curare il rapporto con lui, per tenere il filo di Arianna sempre attivo e vibrante, il consulente commerciale deve programmare nella propria agenda dei contatti che realizzerà con visite, telefonate e inviti rivolti al cliente. Essi possono anche non avere alcuna ragione apparente, ma devono aver luogo con assoluta periodicità. Non devono passare più di sei mesi da che un cliente abbia sentito o visto il proprio consulente commerciale, altrimenti il filo di Arianna si spezza. In questo caso il rischio è che il cliente si perda nel labirinto della concorrenza, degli sconti, dei prezzi ribassati e di tutti quei comportamenti di cui oggi i classici venditori dicono di soffrire senza assumersene alcuna responsabilità.

**SEGRETO n. 18: perché il filo d'Arianna non si spezzi non devono passare più di sei mesi tra un contatto e l'altro tra cliente e consulente commerciale.**

*Le informazioni*

Oltre che direttamente dai clienti, è possibile rintracciare le informazioni da registrare nel database anche tramite altre fonti molto importanti. Ad esempio il sito internet del cliente, dove è possibile vedere di che cosa si occupa, come affronta il web e se possono esserci argomenti di cui discutere con lui nel prossimo incontro. Altre informazioni possono essere reperite dai vicini o dai colleghi del cliente, per esempio circa lo stato di salute dell'azienda, la sua storia ecc. Inutile dire che, anche nel caso in cui il cliente non sia un nuovo cliente, potrebbe essere indicato fare ogni tanto, anche su di lui, delle visure di informazioni commerciali, soprattutto prima di proporgli qualcosa di importante.

Inoltre si possono reperire informazioni molto produttive sui clienti già clienti anche presso le finanziarie in cui essi godono di buone referenze. Queste potrebbero già avere disponibile un plafond di fido per un eventuale finanziamento e saperlo prima dello stesso interessato potrebbe sicuramente essere di stimolo per un eventuale investimento anticipato.

*L'analisi*

Il fatto che il consulente commerciale tenga il filo di Arianna, crea una sua condizione di potere molto forte nei confronti del parco clienti. Ma soprattutto permette di avere in ogni momento dati precisi, dati che, messi nel giusto ordine, permettono al consulente commerciale di procedere a un'analisi dettagliata della propria situazione. Così egli si appropria del potere di controllare il tempo: saprà che cosa dovrà e potrà fare nel futuro, potrà prevedere il futuro e potrà, volendo, anche cambiarlo senza rimanere nell'ambito di sterili e approssimativi: «Io speriamo che me la cavo.»

Il filo di Arianna è l'unico modo per sapere tutto quello che è necessario sapere affinché un consulente commerciale assolva il suo ruolo di professionista. Come potrebbe, infatti, un consulente consigliare se non sa che cosa sta facendo il suo cliente in quel dato momento? Come fa un consulente a consigliare se non sa come sono cambiate le cose per i suoi clienti?

Un consulente commerciale non è uno sconosciuto, anzi: egli è una persona che vive intensamente la realtà professionale del cliente per poterne capire e anticipare le rovine e i problemi e per essere lì a cogliere l'opportunità di risolvere il problema o di evitare la rovina verso la quale lo stesso cliente non sa di andare. Con il filo di Arianna non c'è bisogno di avere clienti sempre nuovi da conquistare: basta avere un contatto vero con quelli giusti per avere con il minimo sforzo migliaia di clienti altamente produttivi.

**SEGRETO n. 19: i dati raccolti, messi nel giusto ordine, permettono al consulente commerciale di fare un'analisi dettagliata della propria situazione.**

**Esercizi del Giorno 3:**

- Cerca nel glossario interno oppure in un buon vocabolario le parole mal comprese che hai trovato e vai avanti solo se le hai comprese tutte.
- Scrivi quale è l'accordo con il tuo cliente tipo.
- Fai un elenco dettagliato dei tuoi clienti.
- Crea il tuo database-clienti con i campi descritti nel relativo paragrafo del Giorno 3.
- Fai un programma di visite-contatti settimanale e mensile.
- Analizza il tuo database e fatti un'idea chiara di quanto potenziale ha.

RIEPILOGO DEL GIORNO 3:

- SEGRETO n. 10: tra cliente e venditore intercorre un intenso rapporto alla cui base stanno precise regole e precisi accordi.
- SEGRETO n. 11: la professione di chi vende comporta prima di tutto un accordo con se stessi, una scelta sul livello di standard che si vuole raggiungere.
- SEGRETO n. 12: il valore del venditore passa anche attraverso il livello di persone-clienti che egli è riuscito a creare nel passato, quello che riesce a mantenere nel presente e quello che riuscirà a creare e a mantenere in futuro.
- SEGRETO n. 13: il parco clienti esistente deve essere curato con continuità perché è la risorsa da cui il consulente commerciale deve partire per ottenere i suoi successi.
- SEGRETO n. 14: il cliente crea relazioni per un raggio d'influenza proporzionale alla sua attività e alla sua leadership.
- SEGRETO n. 15: un cliente soddisfatto parlerà del consulente commerciale e dell'azienda in modo così entusiasta che i clienti nuovi avranno un approccio positivo all'azienda.
- SEGRETO n. 16: il filo di Arianna è la linea di contatto tra il consulente commerciale e il cliente.

- SEGRETO n. 17: il venditore, di fatto, attraverso il suo database o il suo schedario, ha l'opportunità di raggiungere tanti clienti che già lo conoscono come persona.
- SEGRETO n. 18: perché il filo d'Arianna non si spezzi non devono passare più di sei mesi tra un contatto e l'altro tra cliente e consulente commerciale.
- SEGRETO n. 19: i dati raccolti, messi nel giusto ordine, permettono al consulente commerciale di fare un'analisi dettagliata della propria situazione.

# GIORNO 4:
# Come creare le condizioni per vendite di successo

"Creare la condizione" significa saper creare la situazione psicologica, emozionale e fisica per trattare con le persone, oppure creare la caratteristica o il requisito necessario a un determinato scopo. Adesso potresti pensare: «E questo cosa c'entra con la vendita?» Sicuramente non c'entra niente con la vendita normale e mediocre o con la vendita globalizzata.

Tuttavia, se vogliamo uscire dal pantano della mediocrità e dal confronto banale con tutto e tutti come se tutto e tutti fossero uguali, dobbiamo entrare nell'ottica che non bastano le parole del venditore, più o meno bravo, a fare la differenza, ma occorre proprio saper creare le condizioni. Oggi, infatti, tutte le parole che un venditore potrà dire a un cliente, alle orecchie di quest'ultimo arriveranno solo come dei vuoti bla, bla, bla…: alla fine egli guarderà l'ultima cifra del preventivo alla voce "totale" e dirà al venditore: «Sei più caro degli altri.» e, come se non bastasse, aggiungerà «Sì, va bene, tu sei il migliore, ma devi farmi lo stesso prezzo degli altri.»

Di fronte a un simile rischio, peraltro probabilissimo, il venditore che conosce il proprio mestiere da anni, che conosce tantissime persone, che da sempre si presenta bene e che non vuole vanificare oggi il proprio potenziale, ma anzi essere molto più efficace secondo il paradigma dell'abbondanza, adotterà una giusta strategia. Prima di iniziare a parlare con il potenziale cliente, procederà all'indagine del suo problema e gli presenterà la soluzione.

Deve, obbligatoriamente creare la condizione, deve cioè essere in grado di creare un'emozionalità da parte del cliente nei suoi confronti, tale che questi si metta in totale ricettività comunicativa, altrimenti tutto il lavoro precedente fatto di visite, indagini, progetti e presentazioni andrà a farsi benedire.

Se il venditore non creerà questa condizione emotiva nel potenziale cliente, magari concluderà qualche contratto, ma ciò avverrà solo alle condizioni dettate dalla concorrenza, che sono di certo disastrose e demotivanti. Per creare le condizioni, egli ha moltissime leve cui fare ricorso: si tratta tanto di tecniche quanto di caratteristiche proprie della sua stessa persona.

Posto che ognuno può fare affidamento su capacità assolutamente personali e perciò diversissime da persona a persona, è chiaro che la mia attenzione si soffermerà piuttosto sulla descrizione delle tecniche atte a creare condizioni che sono assolutamente valide per tutti. Se verranno utilizzate con impegno e nel modo giusto, assicureranno l'efficacia certa nella professione di consulenti commerciali. Ovviamente, è scontato che ciò non implicherà il successo dei contratti sempre e comunque, ma quantomeno tu potrai applicare le giuste strategie per non perdere del tempo inutile laddove capirai che non ci sono a priori le condizioni giuste o laddove non sarai in grado di crearle.

Quante volte ti è capitato di presentare un'offerta importante in condizioni emotive totalmente negative? Quante volte non hai avuto la possibilità di poter illustrare bene le caratteristiche di un prodotto? Quante volte hai avuto modo di presentare solo l'offerta senza aggiungere altro?

Quante volte, nonostante il cliente sembrasse il tuo, comunque ti ha messo in concorrenza con tanti altri? Quante volte, nonostante un'eccellente presentazione dei prodotti, il cliente ti ha chiesto di praticargli prezzi più bassi della concorrenza?

E, infine, quante volte, nonostante sembri che il cliente voglia chiudere oppure di fatto ha chiuso il contratto, tutto si annulla per un ripensamento oppure per un finanziamento non accettato, così da mandare in fumo un lavoro enorme e tanta professionalità? Tutti questi casi, dovuti alla fretta, a informazioni errate, dati falsi o inesistenti, ritardi o abbandoni, antipatie o somiglianze tra proposte, sono sicuramente all'ordine del giorno per te che vendi beni durevoli, ma lo sono anche per qualsiasi altro professionista di qualunque altro settore commerciale.

Che fare, dunque? Lo ripeto di nuovo: bisogna assolutamente creare le condizioni! Le giuste condizioni emotive permetteranno al consulente di portare in superficie il "nervo scoperto" del cliente e di condurlo in modo “etico” laddove lo vuole indirizzare. In questo modo non si disperderà tra offerte speciali e preventivi vantaggiosi di cui non ha alcuna competenza e quindi in un mare di confusione.

**SEGRETO n. 20: creare la giusta situazione psicologica, emozionale e fisica permetterà al consulente di condurre il cliente in modo “etico” laddove lo vuole indirizzare.**

La condizione emotiva del rapporto instaurato ti farà pure scoprire se il cliente può essere un tuo cliente, se cioè egli sia degno della tua attenzione, del tuo tempo e della tua professionalità. Solo così non disperderai le tue energie con clienti che non capiranno mai il tuo valore e che, attraverso forme di comunicazione strumentale, cercheranno di invalidarti e degradarti. Oppure che, peggio ancora, si atteggeranno a grandi imprenditori senza invece avere alcuna risorsa materiale per poter fare investimenti.

Ma, quali sono le condizioni di base per creare la condizione emotiva? Ho già detto che le condizioni sono vere e proprie tecniche. Non si tratta in ogni caso delle classiche tecniche di vendita, possibilmente studiate da letture varie o corsi di vendita più o meno innovativi.

Le condizioni sono dieci come le dita delle mani: come l'artista deve realizzare un'opera d'arte usando necessariamente tutte e dieci le sue dita, così il consulente commerciale dovrà mettere in gioco le dieci condizioni per creare la condizione emotiva che a sua volta produrrà l'opera d'arte della vendita di successo. Cominciamo con le tre condizioni di base:

- la conoscenza;
- la realtà;
- le informazioni.

**La conoscenza: come acquisire la conoscenza professionale**

Nonostante si possa pensare male di questa era, penso che essa sia la più democratica tra quelle che l'umanità abbia avuto in tutta la sua storia. Oggi, infatti, la conoscenza può essere appannaggio di tutti, mentre fino a pochi decenni fa era solo per poche persone. Oggi, gli unici che non possono avere accesso alla conoscenza, sono coloro che non sanno che farsene, ovvero coloro che pensano di sapere già tutto quello che è necessario per la propria sopravvivenza. Oggi, con un solo "click", possiamo avere a disposizione gli strumenti necessari per conoscere tutto quello che desideriamo, anche se è comunque fondamentale, per approfondire gli studi, utilizzare sempre i cari vecchi libri.

Così, forte delle molte possibilità che ha per conoscere a fondo la sua "materia", il consulente commerciale di questa era non può non conoscere a menadito il prodotto che deve promuovere e vendere. Egli, inoltre, non può non conoscere le caratteristiche generali dei prodotti della concorrenza.

Sulla scorta di queste due istanze di base, prima di andare dal cliente, egli deve assolutamente trovare il tempo e il modo per "allenarsi" sul prodotto, e non soltanto sulle sue caratteristiche tecniche. Ma soprattutto deve concentrarsi sulle sue prestazioni e sulle sue differenze rispetto agli altri prodotti dello stesso tipo proposti dalla concorrenza.

Nello svolgimento di queste operazioni preliminari, a differenza che nel passato, egli ha a disposizione molte fonti di conoscenza che gli consentiranno di immedesimarsi negli scopi e nei risultati che le attrezzature devono ottenere. Il consulente commerciale deve conoscere così approfonditamente i prodotti, da essere in grado di saper convincere qualunque interlocutore della loro validità e convenienza economica. Cioè deve essere in grado di dimostrare al potenziale acquirente che ogni giorno che non possiede e non usa quell'attrezzatura perde tanti soldi, tanto tempo prezioso e soprattutto tanta socialità.

La conoscenza porta al possesso del controllo della situazione, conquistato il quale il consulente commerciale potrà argomentare con disinvoltura e con sicurezza su tutte le caratteristiche del prodotto che sono più importanti per il cliente. Sarà in grado di convincerlo che quelle caratteristiche potranno veramente risolvergli grossi problemi di produzione, economici, di personale, ma soprattutto di vita sociale, argomento verso cui i clienti del futuro saranno molto più sensibili rispetto a quelli di carattere economico.

**SEGRETO n. 21: la conoscenza porta al controllo della situazione permettendo al consulente di descrivere il prodotto con sicurezza.**

Nel passato, ai venditori veniva richiesta una conoscenza generale; nel futuro, invece, se la nuova figura di consulente commerciale non si dota di conoscenze anche sulla professione dei suoi clienti, non credo possa creare alcuna condizione emotiva, né che possa creare alcuna differenza nei confronti di altri colleghi venditori. La conoscenza approfondita risulta dunque preziosa, specialmente al fine di trovare nei prodotti quelle caratteristiche potenziali che risolveranno realmente i problemi dei clienti e che faranno realmente guadagnare loro dei soldi, della qualità, del tempo e sopratutto della socialità.

*La mente spugna*

Il cervello dell'uomo è uno degli organi di cui la scienza non ha ancora molta conoscenza. Siamo tutti d'accordo sul fatto che questo organo ha innumerevoli funzioni e di vitale importanza e che non serve solo a muovere gli altri organi del corpo, più o meno velocemente, più o meno con forza. Esso ha infatti altre funzioni altrettanto importanti, e ancora sconosciute, una delle quali è quella di memorizzare quanti più dati possibili, per poi rimetterli a disposizione quando necessitano.

Il processo di memorizzazione dei dati può avvenire in diversi modi, ma quelli più comuni sono le esperienze, lo studio e l'allenamento: la cosiddetta "pratica". È ovvio che l'esperienza è il frutto di prove su prove e quindi di cose fatte bene e di cose fatte male, ovvero di errori. È soprattutto dai cosiddetti "errori" che commettiamo e dal conseguente bisogno che abbiamo di non ripeterli più, dato che in qualche modo sono stati nocivi per noi, che nasce l'esperienza.

Una volta acquisita l'esperienza, dovrebbe entrare in gioco la responsabilità, ovvero quel meccanismo mentale attraverso cui l'individuo riesce a far tesoro delle esperienze e a memorizzarle sotto forma di dati esatti, ovvero di risposte, per rimetterle a disposizione ogni qualvolta necessitano.

**SEGRETO n. 22: il processo di memorizzazione avviene soprattutto attraverso l'esperienza, lo studio e la pratica. L'esperienza è il frutto di prove ed errori.**

Oltre all'esperienza, che rappresenta l'aspetto pratico della conoscenza, altro fondamentale fattore di conoscenza per l'uomo è la conoscenza teorica, che si consegue attraverso lo studio, la lettura, la frequenza di corsi specialistici e simili. Oggi è facilissimo per chiunque reperire fonti teoriche di conoscenza, quindi se, nella fattispecie, un venditore si volesse trasformare in consulente commerciale, egli avrebbe solo l'imbarazzo della scelta su dove e come trovare dati da studiare, leggere, annotare, analizzare.

D'altro canto, egli dovrà comunque fare tesoro dell'altra fonte di conoscenza di cui si diceva, cioè l'esperienza, per cui sarà opportuno che all'inizio egli metta in pratica e sperimenti i dati che ha appreso teoricamente e che successivamente sperimenti autonomamente i mezzi e i sistemi che lo possano far giungere al totale cambiamento. Questo cambiamento dovrà implicare il passaggio netto dal possesso di semplici tecniche da venditore al possesso di un comportamento coerente da consulente commerciale.

Mi capita di sentire con una certa frequenza la classica teoria, secondo la quale sono più importanti la pratica e l'esperienza della teoria. Ebbene, questa è la giustificazione di chi non ha mai letto un libro in vita sua, oppure di chi, magari, ha studiato ma non ha capito alcunché di ciò che ha appreso limitandosi a fare uno studio passivo finalizzato solo al conseguimento di un titolo e non piuttosto di una reale conoscenza.

Ricorda che alla base di una buona pratica esiste sempre un'eccellente teoria. Magari è anche vero che con il solo possesso dell'esperienza si può diventare molto bravi, ma ciò si verificherà solo se ci si potrà permettere il lusso di avere tanto tempo e tanti soldi per pagare i danni economici che verranno dal fare tanta esperienza.

Se una volta le aziende si potevano permettere tutto questo, oggi e peggio ancora, nel futuro, sarà invece assolutamente impensabile: oggi, infatti, i tempi per fare tutto sono ristrettissimi e tanto più lo saranno domani. Cosicché, per limitare i tempi lunghi di una preparazione fondata solo sulla pratica, sarà assolutamente necessario che ci si dedichi innanzitutto allo studio teorico e solo dopo si potrà passare alla pratica. Questo è ciò che avviene, per esempio, nello sport agonistico e che sarebbe auspicabile avvenisse anche nel lavoro professionale.

**SEGRETO n. 23: la conoscenza teorica, necessaria oltre all'esperienza, si consegue attraverso lo studio, la lettura e la frequenza di corsi specialistici.**

Dicevamo che il cervello umano è un organo ancora poco noto, ma di certo sappiamo, per esempio, che una persona che abbia la capacità di leggere un testo informativo come *La Gazzetta dello Sport*, potrebbe tranquillamente imparare e ricordare i risultati di tutte le partite degli ultimi venti anni e i nomi di tutti i giocatori che si sono distinti o di tutte le formazioni di molto tempo fa.

Una persona così, non necessariamente è molto intelligente ma ha sicuramente un cervello molto allenato. A questa stessa persona, poi, si chiede di leggere un opuscolo, un depliant, un libro o di ricordare come è fatta una macchina o un sistema che dovrà vendere e che gli darà da vivere e pagare le bollette. Di fronte a questo compito, di colpo la sua mente diventa una pietra e memorizza poco o quasi niente.

Cos'è accaduto? È un problema improvviso di neuroni pigri o, piuttosto, molto più semplicemente, è un problema di motivazione nei confronti di ciò che dovrebbe apprendere? Il problema risiede proprio nella sfera dell'interesse e della motivazione che una persona ha nel fare o nel non fare le cose. Dunque se molti venditori non riescono a memorizzare dati nuovi e a concettualizzare nuovi saperi inerenti alla professione con la stessa velocità con cui apprendono dati concernenti la loro squadra del cuore il problema deriva dalla scarsa motivazione.

È dunque un problema di scarsa motivazione se tali venditori non riescono ad acquisire le conoscenze teoriche che possano consentir loro di illustrare così bene il prodotto al potenziale cliente tanto da apparirgli davvero professionali. Il venditore che avrà saputo presentare in maniera convincente e compiuta il suo prodotto, pur nella normalità della sua performance, si sarà mostrato straordinario e quindi diverso rispetto a qualsiasi altro venditore che il cliente abbia incontrato nel passato o incontrerà nel futuro.

Alla fine possiamo dire che un consulente commerciale normalmente bravo e normalmente preparato, che sia in grado di saper esporre con assoluta padronanza il sistema di cui si occupa, pur nella sua assoluta ordinarietà, appare agli occhi del cliente assolutamente straordinario. Tutto questo può accadere solo nel momento in cui il consulente decide di aprirsi al sapere.

**SEGRETO n. 24: se alcuni venditori non riescono ad acquisire le conoscenze teoriche che consentirebbero loro di illustrare un prodotto, siamo senz'altro di fronte a un problema di scarsa motivazione.**

*La sindrome del: «Sì, sì, lo so.»*

Quando invece si stenta a fare i conti con la necessità di conoscenza che l'uomo e, come tutti gli uomini, il venditore deve avere, probabilmente si è affetti dalla cosiddetta sindrome del: «Sì, sì, lo so.» Questa terribile e invalidante "malattia", rende l'individuo che ne è affetto, ciecamente convinto di essere depositario di esperienza e di cultura assolutamente speciali e superiori a quelle altrui.

Putroppo, però, ciò non gli consente di rendersi conto che, invece, chi gli sta di fronte probabilmente è in grado di donargli una cultura e un'esperienza che potrebbero essergli utilissime per raggiungere il successo. Ed ecco che, questo povero ammalato, blocca colui che prova a donargli nuova conoscenza con uno sbrigativo quanto presuntuoso: «Sì, sì, lo so.», da cui il nome della malattia. Ma non solo; spesso cerca di anticipare, quasi sempre sbagliando, il concetto che l'interlocutore sta tentando di esporgli.

Questi modi di porsi rispetto alla possibilità di acquisire nuova conoscenza denotano in modo evidente in chi li attua idee del tipo: «Io so già tutto quello che c'è da sapere per la mia sopravvivenza e non ho bisogno di insegnamenti da parte di nessuno.» Idee del genere fanno sì che la mente, che dovrebbe possedere una certa malleabilità e plasmabilità, si trasformi invece in qualcosa di "duro", come un'arida pietra. In questo modo, da quell'istante in poi, tutta la conoscenza che sarà a sua disposizione, tutto il sapere che le verrà donato, tutte le esperienze che le verranno insegnate rimbalzeranno senza lasciare alcun segno evidente sulla sua superficie.

Solo quando la persona riacquista consapevolezza che il sapere è, di fatto, il solo mezzo di miglioramento per il suo successo e il solo strumento che gli dà il potere di scelta, essa comincia a recepire, ad ascoltare, a ricercare tutto quello che le serve e la sua mente diventa come una spugna. Una spugna che assorbe e che, soprattutto, cede conoscenza in abbondanza.

**SEGRETO n. 25: il sapere è un potente mezzo per raggiungere il successo e il solo che dona il potere di scelta.**

A chi si trovi in questa fase, posso offrire informazioni molto potenti che potrebbero rendere molto più efficaci le ore dedicate alla sua formazione. Le attività che si devono svolgere scrupolosamente e in sequenza sono:

1. la formazione;
2. l'analisi;
3. la sperimentazione;

4. l'applicazione.

*La formazione*

Di solito le persone iniziano a studiare, fanno tanti corsi, partecipano a numerosi seminari e possibilmente spendono pure tanti soldi o li fanno spendere ai loro datori di lavoro. Dedicano a queste attività più o meno attenzione, forse prendono parecchi appunti e fanno tante domande, cosa assolutamente importante in quanto credo che le uniche domande stupide siano quelle che non si fanno. Inoltre collezionano tutte le dispense, leggono magari più volte il manuale del corso e alla fine dell'attività di formazione escono entusiasti e pronti a cambiare sistema, con il buon proposito di applicare dall'indomani stesso le tecniche acquisite.

Poi, inevitabilmente, ci si dice: «Adesso non è possibile: inizierò domani.», un po' come quando si deve iniziare la dieta o smettere di fumare e per giustificare a sé stessi il fatto di continuare a rimandare, si ricorre ad alibi del tipo: «Inizierò da lunedì!» Così facendo, alla fine ci si ritrova ad applicare pochissimo di quanto si è appreso, oppure ad applicare quello che si è studiato in modo superficiale.

In tal caso, tutta la formazione è stata un'inutile perdita di tempo e di denaro, per non parlare dell'opportunità di sapere che si è persa. Ma la cosa più aberrante in tutto ciò è che, per giustificare il fallimento della formazione, la si degradi dandole poca importanza, magari con frasi del tipo: «Sì, va bene, però non è che teoria.» oppure «Sì, ma da noi queste cose non funzionano.»

Una formazione che si possa dire proficua e che di fatto lo sia, prevede una sola azione da svolgere in modo scrupoloso: seguire tale attività nel migliore dei modi utilizzando il tempo destinato ad essa come reale occasione di arricchimento personale e di crescita professionale. Sappi che il tempo è unico, quindi quello che utilizziamo non torna, non lo possiamo riavvolgere! Allora, quando facciamo formazione non avendo alcuna motivazione per farla, è inutile prenderci in giro: noi stessi sappiamo già che perderemo del tempo. In questo caso ci sono due strade da percorrere: o trovi la motivazione e decidi di studiare, oppure stabilisci di dedicare quel tempo a qualche altra attività. Che sia ludica, spirituale, familiare o di altro genere non interessa, l'importante è che non sprechi il tuo tempo e soprattutto il tempo del tuo formatore.

Se, invece, sei responsabilmente consapevole di aver bisogno di formazione e hai un grande desiderio di conoscere per migliorarti, durante l'attività formativa metti in atto le seguenti azioni:

- elimina i contatti esterni: telefonini, palmari ecc.;
- cerca di essere lì con tutto te stesso, ovvero sii puntuale, concentrato, interessato, privo di distrazioni;
- poni domande; come ti dicevo poco fa, le uniche domande stupide sono quelle che non si fanno;
- prendi appunti, non lanciarti in disegni artistici! È mancanza di rispetto verso il formatore;
- Abbi rispetto della formazione altrui: il fatto che tu sappia già diverse cose rispetto ai tuoi compagni di formazione, non interessa a nessuno.

Finita l'attività di formazione, devi raccogliere tutto il materiale, ovvero appunti, disegni, dispense e libri. Ma non è finita qui: una volta tornato a casa, devi subito procedere con l'azione successiva.

*L'analisi*

Normalmente, una volta tornati a casa dopo un'attività formativa, magari ben fatta e di qualità e possibilmente carichi ed entusiasti, la prima cosa che si fa è di prendere tutto il materiale: appunti, disegni, dispense e libri e di riporlo in un posto nascosto. Quando va vene, questo materiale ha lo scopo di far vedere agli altri che si è fatto qualche corso e quindi si è preparati, quando va male non si sa neanche dove lo si è messo! E così, tutta la formazione fatta, piano piano si discioglie nel cervello come neve al sole.

Per questo motivo è consigliabile agire diversamente. Una volta tornati a casa, sarebbe opportuno riprendere in mano tutto il materiale e con la scusa di fare ordine, riprendere gli appunti e rileggere le dispense. In questo modo si ha l'opportunità di ripercorrere il corso, di analizzare i nuovi concetti appresi e di predisporre un piano di azione per cominciare ad applicare le nuove tecniche, segnando i nuovi comportamenti nella tua agenda del costruire. Ti posso assicurare che con questa azione, successiva alla formazione obbligatoria, cominci a dare un senso al tempo della tua vita. Subito dopo, puoi passare all'attività successiva: quella di sperimentazione.

**SEGRETO n. 26: al ritorno da un corso di formazione è necessario riprendere gli appunti, rileggere le dispense e fare un'analisi delle cose nuove appena apprese.**

*La sperimentazione*

Come un atleta che, imparata una nuova tecnica, prima di andare in gara comincia ad allenarsi, così il consulente commerciale, dopo un'eccellente formazione e una altrettanto attenta analisi, comincia a sperimentare le tecniche in modo da rendere pratica tutta la teoria che dice di aver appreso. In questo modo è in grado di provare a se stesso se veramente ha appreso o meno e, quindi, se le teorie studiate hanno efficacia. Se, di contro, egli non si allena per ore, non sarà mai in grado di dimostrare che la teoria funziona né di portare a casa il risultato e di ottimizzare l'investimento economico e il tempo occorsi per la formazione.

**SEGRETO n. 27: sperimentare le tecniche e rendere pratica tutta la teoria che hai appreso è l'unico modo per migliorare le tue abilità.**

*L'applicazione*

Lo scopo di qualsiasi formazione è il miglioramento delle proprie abilità. Un venditore che continui ad applicare le tecniche da venditore che ha sempre applicato rimarrà un venditore. Al contrario, un venditore che decida di cambiare le proprie tecniche di vendita diventerà un eccellente consulente commerciale. Probabilmente pensa di farlo semplicemente per migliorarle o perché è convinto che quelle stesse tecniche che nel passato gli davano parecchia abbondanza oggi non sono più efficaci. Umilmente capisce che nonostante anni di esperienza, se non studia nuove tecniche si ritroverà in un mondo che non sarà il suo.

Sicuramente non avrà sprecato tempo prezioso il venditore che avrà applicato nuove tecniche, che avrà deciso di studiare nella fase della formazione, che, una volta tornato a casa, subito e senza procrastinare, avrà fatto un'analisi dettagliata della formazione per poi sperimentare, magari inizialmente con un amico, poi con un cliente facile, le nuove tecniche e che avrà cominciato ad applicarle in modo massiccio per trarre il massimo risultato dalla sua abilità.

La morale è la seguente: quando l'uomo non riesce più ad avere il controllo della sua vita, l'unica strada che gli rimane da percorrere è quella della conoscenza. Tuttavia, se l'uomo non ricerca la conoscenza, sarà la vita a controllare l'uomo. Riguardo al tempo si può affermare che non è vero che il tempo è denaro, perché se veramente lo fosse, a quest'ora persone ricchissime ma immorali e pericolose per la società se lo comprerebbero e avrebbero sempre vent'anni; e ciò sarebbe una tragedia.

**La realtà: come creare una realtà comune con il cliente**

Spesso le persone parlano molto, bene e seriamente, senza però preoccuparsi minimamente se le parole che, con dispendio di tempo e di energie hanno proferito, vengano ascoltate, tantomeno comprese o condivise.

Questo succede nella maggior parte dei dialoghi professionali, specialmente nei dialoghi di vendita, dove il cliente spesso crea tra sé e il venditore una barriera fatta da preconcetti come il seguente: «Questo mi vuole vendere qualcosa.» Questa barriera fa sì che il cliente si metta sulla difensiva e che, mentre il venditore spiega, questo non ascolti per niente e alla fine non compri oppure chieda uno sconto sempre maggiore.

Ci sono poi altri casi molto frequenti, come quelli dei clienti che partono dall'idea della gara, ovvero da un'idea del tipo: «Compro solo da chi costa meno.» Questi clienti magari non hanno alcuna conoscenza dei prodotti che vengono loro proposti, ma usano come confronto solo l'ultima cifra dell'offerta o usano un foglio Excel confrontando, rigo per rigo, prezzi e caratteristiche dei prodotti.

In questo caso, tutti gli sforzi profusi dal venditore per argomentare sul valore del prodotto che egli offre, non hanno alcuna efficacia. Anzi, la risposta del cliente sarà molto strumentale e non farà altro che mettere in evidenza solo i difetti che troverà nell'offerta, invalidando tutti i valori aggiunti che il venditore, con molto ardore, cerca inutilmente di comunicare.

La situazione che più di frequente si verifica è quella del venditore che parla di argomenti di cui l'interlocutore non ha alcuna conoscenza e che quindi non comprende, oppure del venditore che parla da solo senza ascoltare istanze ed esigenze conoscitive del cliente, senza preoccuparsi minimamente se il cliente abbia capito qualcosa o sia interessato a quella data cosa.

Nulla è più sbagliato di simili comportamenti. Tuttavia, ciò che veramente conta durante una comunicazione è piuttosto "rendere reale la situazione" ovvero creare una condizione di totale scambio comunicativo tra "trasmettitore" e "ricevitore". Per "trasmettitore" intendo chi è motivato a comunicare dei dati sotto forma di contenuti, ma soprattutto di emozioni.

Per "ricevitore" intendo chi è motivato a ricevere dei dati che siano reali per lui e che riescano a procuragli la stessa emozione che prova chi glieli trasmette. Egli potrà così visualizzare chiare immagini mentali e quindi farsi un'idea precisa di ciò di cui si sta parlando. Tali immagini saranno simili a foto, a film con tanto di effetti speciali: ad esempio suoni, profumi e sensazioni profonde.

**SEGRETO n. 28: durante la comunicazione con il cliente il venditore deve creare una condizione di totale scambio tra il "trasmettitore", ovvero il venditore e il "ricevitore", ovvero il cliente.**

Insomma, alla fine dello scambio comunicativo, il ricevitore, nel nostro caso, il cliente, dovrà avere, in merito a ciò che gli è stato illustrato, le idee chiare quanto il trasmettitore, che nel nostro caso è il consulente commerciale. Deve cioè venire a crearsi tra queste due entità in comunicazione una situazione per cui, in modo alterno, sia il consulente commerciale che il cliente divengano trasmettitore e ricevitore.

Infatti, perché la comunicazione sia efficace, il consulente commerciale dovrà riuscire a calarsi perfettamente nella realtà del cliente e a immaginare quali possano essere anche le sue più recondite necessità, che probabilmente lo stesso cliente non sa di avere.

Ugualmente, affinché la comunicazione sia efficace, è necessario che il trasmettitore-consulente commerciale riesca a far calare il ricevitore-cliente nella sua stessa realtà emotiva fatta di convinzioni etiche e di argomentazioni valide, attraverso la comunicazione a questo di dati veri, obiettivi.

In tal modo, il consulente commerciale riuscirà a rendere reale la sua stessa convinzione, aiutato, in questo compito, anche da una buona tecnica comunicativa, che avrà la funzione di emozionare a tal punto il ricevente, da fargli sentire l'odore, il colore, il rumore del prodotto che acquisterà. Ma soprattutto il tintinnio dei soldi che guadagnerà e il sapore dei grandi vantaggi che gli verranno dal possedere quel dato prodotto.

**Le informazioni: come acquisire e gestire le informazioni dei clienti**

Prima di iniziare qualsiasi viaggio, di fare qualsiasi progetto, di partire per una battaglia, prima di dare un esame e quindi prima di andare dal cliente, si devono acquisire informazioni. Le informazioni sono di diverse tipologie, ma, quali esse siano, devono essere sempre aggiornate e precise. Informazioni non aggiornate e poco precise sono dati falsi e come tali sono inefficaci e fanno perdere tempo.

Le informazioni iniziali che un consulente commerciale deve avere sono i dati anagrafici del potenziale cliente, con denominazione, indirizzo, recapiti telefonici, indirizzi elettronici, sito internet, partita IVA, utenza, tipo di società, soci, capitale sociale, stato di salute della società o ditta, nomi di persone con cui parlare, ma soprattutto nome e recapito telefonico della o delle persone che decidono gli acquisti.

**SEGRETO n. 29: le informazioni non aggiornate e poco precise sono inefficaci e fanno perdere tempo.**

Queste informazioni, come si diceva, devono essere precise e vanno tenute sempre aggiornate, possibilmente avvalendosi di un sistema informatico, dato che oggi si ha la fortuna di vivere in un'era molto tecnologica i cui vantaggi sono alla portata di tutti. Per avere sempre informazioni aggiornate e dunque attendibili, bisogna tenere il cosiddetto "filo di Arianna", ovvero una linea di contatto periodica formale ed emozionale con la clientela.

Le informazioni reperite servono per creare abbondanza di opportunità di lavoro, ma soprattutto per sapere chi si ha davanti nel momento in cui si cerca di “creare la condizione”. Penso che diventi molto difficile, per un venditore, avere approcci di successo se egli non sa nulla della persona che andrà a incontrare. Il venditore deve riuscire a sapere che persona è, quali sono i suoi modi, quali sono i suoi sogni, che tipo di etica ha, qual è la sua realtà, come vive e organizza il suo lavoro.

Per acquisire alcune delle conoscenze di cui il consulente ha bisogno, basterà che egli sappia leggere tra le informazioni commerciali che oggi si possono reperire con una piccola spesa. Per conoscere altre informazioni, il venditore dovrà informarsi con altri fornitori collegati al potenziale cliente, con suoi colleghi oppure con il vicinato. In ogni caso, l’informazione più efficace, specialmente per il cliente già acquisito, rimane il filo di Arianna.

Ovviamente, se oggi il venditore non si avvale di uno strumento informatico moderno, pur con tutta la buona volontà, egli non potrà tenere a mente le caratteristiche comportamentali dei suoi singoli clienti. In mancanza di supporto informatico, quantomeno egli avrà l’obbligo di tenere nel database-clienti, oltre che la classica anagrafica con schede cartacee, anche appunti scritti sul comportamento del cliente, in modo che prima di andarlo a trovare per una visita o di proporgli qualcosa, possa fare riferimento a questi dati.

Certo, si tratta di un sistema di raccolta di dati relativamente scomodo e alquanto lento da realizzare e consultare, ma comunque è sempre meglio che nulla. Il consulente commerciale va a rispolverare le informazioni che ha raccolto e appuntato e va dal "suo" cliente con buone probabilità che il risultato sia eccellente.

**Esercizi del Giorno 4:**

- Cerca nel glossario interno oppure in un buon vocabolario le parole mal comprese che hai trovato e vai avanti solo se le hai comprese tutte.
- Riprendi in mano le dispense di corsi che hai fatto ultimamente e analizzale.
- Sperimenta le teorie che hai appreso.
- Adesso applicale.
- Verifica il tuo miglioramento.

RIEPILOGO DEL GIORNO 4:

- SEGRETO n. 20: creare la giusta situazione psicologica, emozionale e fisica permetterà al consulente di condurre il cliente in modo “etico” laddove lo vuole indirizzare.
- SEGRETO n. 21: la conoscenza porta al controllo della situazione permettendo al consulente di descrivere il prodotto con sicurezza.
- SEGRETO n. 22: il processo di memorizzazione avviene soprattutto attraverso l’esperienza, lo studio e la pratica. L’esperienza è il frutto di prove ed errori.
- SEGRETO n. 23: la conoscenza teorica, necessaria oltre all’esperienza, si consegue attraverso lo studio, la lettura e la frequenza di corsi specialistici.
- SEGRETO n. 24: se alcuni venditori non riescono ad acquisire le conoscenze teoriche che consentirebbero loro di illustrare un prodotto, siamo senz’altro di fronte a un problema di scarsa motivazione.
- SEGRETO n. 25: il sapere è un potente mezzo per raggiungere il successo e il solo che dona il potere di scelta.

- SEGRETO n. 26: al ritorno da un corso di formazione è necessario riprendere gli appunti, rileggere le dispense e fare un'analisi delle cose nuove appena apprese.
- SEGRETO n. 27: sperimentare le tecniche e rendere pratica tutta la teoria che hai appreso è l'unico modo per migliorare le tue abilità.
- SEGRETO n. 28: durante la comunicazione con il cliente il venditore deve creare una condizione di totale scambio tra il "trasmettitore", ovvero il venditore e il "ricevitore", ovvero il cliente.
- SEGRETO n. 29: le informazioni non aggiornate e poco precise sono inefficaci e fanno perdere tempo.

# GIORNO 5:

# Come consolidare le condizioni per vendite di successo

Affrontiamo ora le altre sette condizioni che il consulente commerciale dovrà mettere in gioco per creare la situazione emotiva adatta a produrre l'opera d'arte della vendita di successo. Eccole elencate qui di seguito:

- il decisore;
- l'influenzatore;
- il tempo;
- l'ascolto;
- l'ambiente;
- l'emozione;
- la dignità.

## Il decisore: come individuare il decisore del cliente azienda

Tutte le tribù hanno un capo, tutte le organizzazioni hanno un vertice e tutte le aziende hanno una persona che prende le decisioni. Molte volte capita che il venditore, anziché con il "capo", interloquisca con qualcuno che è delegato a ordinare, acquistare i prodotti e prendere decisioni per gli investimenti.

Spesso nelle aziende familiari, in fase di cambio generazionale, capita che gli interlocutori delle trattative siano i figli o altri parenti del titolare. Per non parlare poi dei casi in cui succede che a trattare di affari sono dei direttori che si spacciano per "top manager" con potere di delega e di decisionalità e che invece, di fatto, hanno molto meno potere di quanto non credano loro stessi.

Qualora il venditore si dovesse imbattere in figure di questo tipo e non le dovesse riconoscere, ti posso assicurare che sprecherà il suo tempo. Anche perché sebbene, in genere, il decisore preferisca restare all'ombra di queste persone che definiremo "entità terminali", stai pur certo che comunque egli è informato di tutto e ha già deciso. Si serve di queste figure solo come tramite comunicativo della decisione che lui, e nessun altro, ha già preso.

**SEGRETO n. 30: il decisore può stabilire di restare all'ombra delle "entità terminali" ma prende sempre le decisioni fondamentali. Il venditore deve imparare a riconoscerlo.**

In ogni caso, le figure che non hanno potere di decisione, potrebbero essere degli "influenzatori" e allora sarà comunque bene instaurare con essi una comunicazione corretta, dato che potrebbero in qualche modo interferire con le scelte del decisore. Tuttavia, se ti rendi conto che non sono influenzatori bensì solo degli operativi senza alcun ascendente su chi decide, allora fai in modo di arrivare alla figura-chiave prima di "creare la condizione" e di presentare offerte, disegni e opere del tuo intelletto.

Lo ripeto con forza: è meglio non andare avanti con le trattative se sei certo che la persona che hai davanti non ha il potere dei soldi e quindi della scelta. Non ti conviene rischiare, perché già è difficile creare la condizione emozionale direttamente con il decisore, e ancora di più per mezzo dell'influenzatore, figuriamoci come potresti riuscire a far sì che un individuo, del tutto ininfluente, possa a sua volta ricreare la stessa condizione quando andrà a ripresentare al decisore un prodotto che sicuramente non conosce e del cui acquisto magari non si vorrà neanche assumere la responsabilità.

Invece, nel caso di contatti con l'influenzatore, il consiglio è quello di creare sì la condizione con lui, ma al solo scopo di arrivare al decisore. Quindi mai dare a questa figura prezzi definitivi o ultime condizioni di pagamento, mai dare ad essa tutte le informazioni importanti, anche a costo di rischiare di non presentare alcuna offerta. Ti posso assicurare che, se mai farai la scelta errata di dare troppe informazioni a chi non decide ma al massimo influenza, sarà tutto tempo sprecato e avrai regalato la tua professionalità a chi probabilmente non lo merita.

### L'influenzatore: come individuare l'influenzatore del cliente azienda

A fianco di quasi tutti i decisori ci sono gli influenzatori, ovvero coloro che influenzano le decisioni. A volte sono le mogli, a volte gli amici, a volte i figli, però quelli più pericolosi sono i "finti top manager". Fin quando ti imbatterai in persone che fanno parte della famiglia, sarà molto semplice arrivare al cospetto del decisore e metterti in comunicazione direttamente con lui.

Quando però la struttura dovesse essere piccola e malgrado ciò non riuscissi assolutamente ad arrivare al decisore, ti posso garantire che concludere un contratto sarà molto difficile. Infatti, in quel caso, come dicevo poco fa, il decisore ha già il suo fornitore e quindi la tua perfomance dovrà essere basata solo su enormi sacrifici di prezzo e pagamenti, ma nulla di professionale. Lo svantaggio, a quel punto, sarà così ampio che, se anche dovessi riuscire a concludere, comunque non sarà stata una vittoria bensì una sconfitta. In situazioni del genere, non perdere il tuo tempo e passa a occuparti di altri affari.

Mi raccomando, inoltre, di non lasciarti influenzare dai falsi influenzatori, top manager o figli di titolari che fanno le veci dei padri nel gestire le aziende. Stai molto attento alla loro comunicazione, guardali negli occhi quando parlano del decisore, cerca di metterli sempre in "responsabilità" e chiedi: «È lei che firma?» oppure puoi dire: «Complimenti, lei ha una bella responsabilità a prendere decisioni così importanti!» o, ancora

«Dobbiamo fissare un incontro con il signor...» ossia con il decisore.

A questa comunicazione diretta dovrà seguirne un'altra altrettanto diretta da parte del tuo interlocutore. Se ti sarà possibile parlare con il decisore, ti raccomando di non perdere il tuo tempo nel dare troppe spiegazioni all'influenzatore.

L'influenzatore serve solo a influenzare e quindi, come ho detto, un piccolo lavoro con lui bisogna comunque farlo, ma non andare al di là di un'indagine e di una conversazione gentile. Potresti al limite parlare con lui di prezzi in modo molto approssimato, ma ricorda che il consulente commerciale deve fare la vera recita finale assolutamente solo davanti al decisore attento e messo nella giusta condizione emotiva.

**SEGRETO n. 31: puoi dedicare all'influenzatore una piccola indagine o una conversazione, ma stai ben attento a non confonderlo con i decisori.**

**Il tempo: come strutturare il tempo nella vendita**

Non è vero che, quando si ha l'idea dell'abbastanza, le giornate lavorative abbiano un ritmo sereno. Al contrario, il venditore con l'idea dell'abbastanza è sempre sotto lo stress di un target che non riesce mai a centrare, la sua giornata è fonte di crisi e fa sempre le cose di fretta. Siccome non ha né un sistema di agenda programmata per creare le relazioni né un substrato di contatti giornalieri, questo tipo di venditore è sempre pronto solo all'ultimo secondo e arriva dal cliente in fretta. Sappi che con la fretta non si crea alcuna condizione emotiva, anzi, si fanno solo figuracce e si perde sempre tempo.

Altre volte è il cliente che mette fretta, magari perché vorrebbe visualizzare il progetto e conoscere subito i prezzi, specialmente quando deve confrontarli con quelli della concorrenza. In questi casi sta al consulente commerciale decidere se farsi strumentalizzare dalla fretta imposta dal cliente o se iniziare già da questa situazione a creare la condizione emotiva. Il preventivo di un prodotto importante presentato in fretta, superficialmente, non è sinonimo di valore. Anzi, nel nostro lavoro viene svalutato appunto perché dà l'impressione di essere "gratis".

Allora, bisogna iniziare a creare la condizione spiegando al cliente che il lavoro necessario per studiare una soluzione personalizzata ha bisogno di energia, tempo e molta attenzione. Poi ci si prenderà il tempo necessario per preparare la "recita finale".

**SEGRETO n. 32: presentare in fretta il preventivo di un prodotto importante è svalutante.**

Spesso invece accade che gli appuntamenti vengano organizzati con tempi molto ristretti da parte del cliente come a volte anche da parte del venditore. In quel caso, il cliente si accorge che la persona che gli dovrebbe spiegare il prodotto ha poco tempo da dedicargli e questo svaluta sia il venditore che la soluzione presentata.

Poiché con la fretta il venditore non potrà mai creare la giusta condizione emotiva, la cosa migliore per lui sarà rinviare l'appuntamento preparando i preliminari affinché le condizioni di base ci siano tutte. Gli attrezzi del mestiere per utilizzare al meglio il tempo sono: un'agenda del costruire, un database-clienti aggiornato, una documentazione completa e, soprattutto, tanta voglia di abbondanza.

**L'ascolto: come imparare ad ascoltare**

Quando nel passato si vedeva un bambino che parlava tanto, gli si diceva: «Tu da grande farai il venditore!» Purtroppo questa era ed è tuttora l'idea di alcuni venditori, che si dicono: «Mi devo vendere rendendomi interessante e parlando solo io.» oppure «Vado dal cliente e gli presento quanti più prodotti possibili, così qualcosa di certo gliela vendo.»

Io ti dico invece che le cose non vanno affatto così. Il consulente commerciale che deve creare la condizione emotiva deve essere un "auditor", cioè deve essere così bravo che anche un cliente con una personalità timida o schiva con lui debba iniziare a parlare e a raccontare tutto quello che ha da raccontare. Il consulente commerciale non deve assolutamente sprecare questa situazione emotiva con interruzioni da parte sua, come se, anziché per ascoltare quello che ha da dire finalmente il cliente, fosse là per mettere in mostra le sue capacità elocutorie.

Quando si è riusciti a far parlare un cliente, non lo si deve mai interrompere e, anzi, attraverso una comunicazione mirata, lo si deve stimolare a raccontare di tutto e di tutti. Anche se non ti sembra, ti assicuro che quello non sarà tempo sprecato, ma sarà la base del tuo successo di consulente commerciale.

Potrà essere tempo sprecato solo se, mentre il cliente sta facendo auditing, il venditore sarà con la mente da un'altra parte, non sarà affatto interessato a quello che di più prezioso quella persona gli sta raccontando e forse anche confidando.

**SEGRETO n. 33: il venditore deve stimolare anche un cliente timido a parlare e a raccontare.**

Il consulente commerciale deve ascoltare con interesse e prendere appunti. Questo servirà a creare una condizione emotiva molto più efficace, ma soprattutto gli agevolerà la preparazione dell'offerta e della soluzione finalizzate alla soddisfazione del cliente e, di conseguenza, al proprio guadagno. Ricorda che in questa era, fatta di fretta, lavoro e stress, quando una persona trova qualcuno che lo ascolta, questo ha già grandi possibilità di creare una condizione emotiva molto forte.

**L'ambiente: come creare l'ambiente giusto in una vendita**

Creare la condizione emotiva è un lavoro di preparazione di una serie di elementi importanti tra i quali l'ambiente gioca un ruolo fondamentale. Probabilmente ti sarà capitato di avere intenzione di sedurre una persona di valore, che ti interessava veramente e da cui non volevi assolutamente ricevere un rifiuto. Per dirle le cose che volevi dirle, per farle notare le cose che volevi farle notare, non hai scelto sicuramente come ambientazione un garage e non sarete rimasti in piedi, bensì sarete andati in qualche locale "giusto", oppure vi sarete dati appuntamento davanti a un tramonto o qualcosa del genere.

Esattamente come nei casi ora descritti, così anche nel caso di un consulente commerciale che debba fare "centro" occorre che attorno a lui e al suo "oggetto del desiderio", il cliente, nella fattispecie, ci siano le condizioni ambientali favorevoli, se non ottimali, che facciano da sfondo alla sua "opera" creatrice.

Egli, cioè, per comunicare cose strategiche e decisive per avere successo, deve pensare a una condizione ambientale ideale per farlo. Quante volte ti sarà capitato di condurre delle trattative mentre il cliente faceva altre cose, oppure su tavoli da cantiere, al freddo e in piedi, per non contare gli approcci avvenuti in ambienti bui e sporchi.

**SEGRETO n. 34: l'ambiente gioca un ruolo fondamentale nel creare una condizione emotiva favorevole.**

Molte volte l'ambiente è creato dal cliente in modo strumentale per trovarsi in vantaggio nei confronti del venditore. Altre volte non ritiene importante curare l'ambiente e per la fretta riceve le persone che gli devono presentare un progetto oppure spiegare il funzionamento di una macchina così come capita.

Per quanto ti riguarda, invece, ti raccomando di non pensare di creare la condizione in un ambiente sbagliato: non ci riuscirai mai! Cerca piuttosto, con tutti i mezzi a tua disposizione, di farti accogliere almeno davanti a un tavolo, in modo che siate seduti e che l'interlocutore principale sia di fronte a te e che tu lo possa ascoltare attentamente e guardare negli occhi. Solo così potrai effettuare una comunicazione efficace.

L'ambiente ideale per comunicare con un potenziale cliente deve essere, come dicevo prima, un contesto nel quale possiate star seduti davanti a un tavolo, uno di fronte all'altro; la temperatura ideale deve essere di almeno 20-25°; ci vuole inoltre una giusta luce, tale da poter vedere bene i dati e da poter monitorare le espressioni degli occhi. Inutile dire che, in situazioni del genere, sono assolutamente inopportuni e controproducenti rumori e schiamazzi.

Capita, a volte, che i clienti vengano in azienda con i figli che proprio in quella occasione si trasformano in "piccole pesti". Magari sono anche simpatici, ma sicuramente non aiutano a creare la condizione emotiva giusta, anzi, generano nei loro genitori, nonché vostri potenziali clienti, un tono emozionale disturbato che non li mette affatto nelle condizioni né di provare sensazioni positive né tantomeno di concludere affari.

Quello che si potrebbe provare a fare sarebbe di trovare qualcuno in azienda che badi ai bambini per il tempo che giova al consulente commerciale per creare la condizione. Nel caso in cui ciò non fosse possibile, stanne pur certo, condurrai una trattativa disturbata che, se anche si dovesse concludere, non ti lascerà di certo soddisfatto nelle aspettative.

Può poi succedere che, magari, il cliente sia là seduto con te, ma che nel frattempo riceva telefonate, venga disturbato continuamente dai suoi dipendenti e altre situazioni simili. Questo non è certamente l'ambiente adatto per creare la condizione!

Cerca di cambiarla, oppure rinvia l'incontro possibilmente presso la tua azienda, che, ovviamente, sarà attrezzata di ambienti adatti per accogliere il tuo cliente e per creare con lui la condizione: confortevoli, puliti, ordinati e con gli strumenti necessari per rendere semplici tutte le operazioni volte a creare la condizione.

Se non tutta l'azienda, in ogni caso almeno l'ufficio del consulente commerciale deve essere l'"alcova" in cui "sedurre" i clienti.

Essa rispecchierà la persona che cercherà di creare la condizione emotiva e avrà un arredamento dignitoso e confortevole, come dignitoso e gradevole sarà chi condurrà la trattativa.

Tutto ciò concorrerà, oltre che a creare un clima disteso e proficuo per discutere di affari, a convincere il cliente che l'arredamento o l'impianto che gli verrà realizzato dal consulente commerciale con cui sta trattando sarà altrettanto dignitoso e gradevole.

Come potresti, d'altro canto, parlare di ordine, pulizia, efficacia, produttività, managerialità e responsabilità se il tuo ufficio pullula di carte, depliant e altre cianfrusaglie sparse in giro? Magari concluderai un contratto, ma ciò sarà dovuto a pura fortuna piuttosto che alla tua capacità di creare la condizione emotiva. Per fare in modo che l'ambiente risulti ideale per il cliente, basta solo andare dal cliente, studiare il suo ambiente, individuare a tua volta il luogo più adatto per creare l'ambiente ideale che hai progettato per lui e metterti al lavoro.

Dovrai preparare ogni cosa perché l'incontro avvenga nel migliore dei modi e comunicare poi al cliente che, data l'importanza della cosa, sarebbe opportuno che la vostra comunicazione avvenisse proprio in quel dato posto e a quella precisa ora. Stai pur certo che, se sarai convincente anche su questo, riuscirai a portare più agevolmente a termine la tua trattativa.

**SEGRETO n. 35: l'ambiente adatto per accogliere il tuo cliente deve essere confortevole, pulito, ordinato e con gli strumenti necessari per rendere semplici tutte le operazioni volte a creare la condizione ottimale.**

Di solito, come già accennato sopra, un consulente commerciale ha una sua scrivania e, se produttivo, magari ha pure un suo ufficio personale. Allora sarà questo il luogo che egli sceglierà per "accogliere" il cliente: a tal fine, dunque, egli metterà passione nell'arredare e mantenere la sua scrivania o il suo ufficio adatti all'esigenza. Scrivanie, pareti, carte, attrezzi, luci, odori, targhe, quadri, colori: tutto questo verrà curato scrupolosamente dal consulente commerciale affinché parli di lui e inviti il cliente a sentirsi “a casa”.

**L’emozione: come generare emozioni positive nel cliente**

Nella vita dell’uomo l’emozione gioca un ruolo importante: fa sbagliare, fa fare la cosa giusta, comunque fa decidere. L’emozione del consulente commerciale è la chiave di volta di tutta l’“architettura” costruita attorno al cliente per disporlo positivamente ed emotivamente a un incontro. Ove egli ponesse in essere tutte le condizioni per un proficuo incontro con il cliente e non tenesse conto dell’emozione, il suo lavoro sarebbe incompleto.

Egli, infatti, non starebbe tenendo conto del fatto che, indipendentemente da come tutto sia stato predisposto, tutto si gioca veramente sulla base di come si sente dentro, di quanto egli senta quel progetto o quel prodotto. E poiché l’emozione è contagiosa, è chiaro che tutte le emozioni vere del venditore, quelle che lui riuscirà a esprimere durante la presentazione, arriveranno al cliente. Questi, a sua volta, ne sarà inconsciamente influenzato in positivo o in negativo, secondo quanto il venditore gli avrà trasmesso.

Un venditore che, pur esperto dei prodotti che sta cercando di vendere, non provi alcuna emozione per ciò che propone o che, peggio, sia arrivato a un livello della sua carriera tale da provare distacco e misemozione, ossia un'emozione o una reazione irrazionale che non si addice al contesto, quando non odio per i prodotti o per il settore lavorativo di cui vive, non sortisce alcun effetto.

**SEGRETO n. 36: l'emozione del consulente commerciale è importantissima per disporre il cliente positivamente ed emotivamente a un incontro.**

Questa è la sola e unica causa per cui, nonostante una grande esperienza e conoscenza, un venditore potrebbe riuscire a malapena a mantenere un mediocre successo. In questo caso, la cosa più grave del non riuscire a concludere affari consisterebbe nel fatto che quel venditore è entrato nel vortice della misemozione nei confronti del mestiere che magari, in passato, gli dava tante soddisfazioni.

Rimanendo in questo stato di passiva mediocrità, egli non riuscirà a utilizzare la sua emozione nei confronti della grande conoscenza che ha acquisito nel tempo e trasmetterà in modo lampante una carica enorme di misemozione alla clientela, che non gli permetterà di creare alcuna condizione emotiva. Al contrario, un consulente commerciale che pure non abbia grande esperienza ma conosca quel dato prodotto e che provi emozioni positive relativamente ad esso, quando ne parlerà con i clienti sicuramente riuscirà a creare la condizione meglio del precedente e stranamente riuscirà a ottenere eccellenza.

L'emozione che il consulente commerciale avvertirà riguardo al prodotto che deve vendere è pari all'emozione che potrà riuscire a contagiare al cliente, a prescindere dalle capacità di comunicazione che egli metterà in gioco. Se il consulente commerciale non è empatico con il suo prodotto, se egli stesso pensa che non comprerebbe quel prodotto, se non sarà convinto di quanto il prodotto potrebbe essere utile anche per sé, la sua promozione del prodotto, del progetto e persino di tutta l'azienda non riuscirà mai a trasmettere alcuna emozione positiva.

Infatti, se già risulta difficile a chi è convinto delle proprie idee trasmetterle e farle comprendere agli altri, figurati che fatica farebbe una persona che dovesse impressionare positivamente qualcuno su qualcosa di cui essa stessa non abbia una profonda conoscenza o in cui essa stessa non creda.

Anche se bravo a mentire, il venditore non riuscirà mai a tenere il gioco per molto e prima o poi si stancherà di fingere e verrà scoperto. La sua convinzione e la sua preparazione sono pari a quanta emozione egli riesce a far passare nei suoi interlocutori, a quante vibrazioni egli saprà trasmettere a chi lo ascolta, a quante delle cose che egli immagina saprà fare immaginare anche a chi segue le sue parole.

Leader anche negativi come Hitler, Mussolini o Franco, nonostante l'evidente negatività delle loro idee, riuscirono, riescono e riusciranno a convincere migliaia di persone a pensarla come loro solo per la loro grande convinzione e per l'emozione che seppero e sanno comunicare con le cose che dicono. Quindi perché non provare a comunicare con la stessa convinzione e passione idee etiche e positive?

**SEGRETO n. 37: il venditore non deve fingere, altrimenti gli risulterà difficile trasmettere le sue idee e farle comprendere al cliente.**

### La dignità: come concludere una vendita con dignità

Che differenza c'è tra una persona e un'altra? Quali sono le differenze tra le persone oltre a quelle a cui purtroppo la società di oggi dà più valore, come la bellezza, il look o i soldi, a prescindere da come sono stati guadagnati? Ci sono davvero differenze sostanziali tra un individuo e un altro oppure alla fine tutti gli uomini sono fatti di pelle, carne, ossa e sangue e, di conseguenza, sono tutti uguali?

Io, più che per razze o per religioni, distinguo le persone in base al loro grado di responsabilità, in base alla loro etica e alla loro dignità. Ma che cosa è la responsabilità e perché ha dei "gradi"? E che c'entra la responsabilità con l'etica e con la dignità? E ancora:

che c'entrano concetti come "responsabilità" e "dignità" con il creare la condizione emotiva?

Per spiegare la dignità in modo semplice, proverò a farti l'esempio della "veranda abusiva". La veranda abusiva è quella piccola azione di edilizia domestica che ognuno di noi potrebbe aver realizzato, oppure che ha intenzione di realizzare nell'appartamento che con tanti sacrifici si è comprato in un condominio.

C'è chi la costruisce a prescindere dal fatto che lo possa fare o meno, sperando solo che i vicini non la notino e non protestino, o che nessuno abbia il coraggio di denunciare; c'è chi la realizza abusivamente solo perché il vicino ne ha fatta una e quindi se ne arroga il diritto. Successivamente, se per caso un altro vicino costruirà a sua volta una veranda proprio a fianco o davanti alla sua, e magari un po' più grande e di un colore bruttissimo (poniamo il caso, verde pisello!) che deturpa l'estetica del palazzo, lui rimarrà in silenzio. Magari, sotto sotto, seminerà un po' di zizzania, si lamenterà con gli altri vicini, ma non farà mai un'azione diretta e a carte scoperte per fargliela smontare, dato che lui stesso ne possiede una, a sua volta abusiva. La cosa più strana in tutta la situazione descritta è che, oltre a quelli che, ahimè, hanno già costruito la veranda abusiva e che perciò non possono parlare, ci sono anche coloro che la veranda abusiva non ce l'hanno, ma che comunque non parlano perché si riservano in futuro la possibilità di costruirsene anch'essi una, magari anche più grande… e ovviamente abusiva!

Questo sistema di taciti compromessi potrebbe continuare all'infinito, fino a quando, magari, si vedrà sorgere un intero palazzo abusivo, che toglie aria e visuale. Tuttavia, alla brutta costruzione, ancora un volta nessuno potrebbe opporsi perché a sua volta si è già reso colpevole dell'abuso della propria piccola veranda abusiva.

Questo è quello che succede alle persone che, seguendo lo stesso paradigma della veranda abusiva, scendono a compromessi in troppi ambiti della propria esistenza e poi si ritrovano a fare enormi sforzi per far cambiare le cose attorno alla propria vita senza riuscirci assolutamente, perdendo così la libertà di dire la loro. In tal modo, essi avranno perso anche la cosa più importante di tutte: la loro dignità. Ci sono dunque azioni secondo etica e azioni fuori etica. Le azioni in etica ripagano con la dignità, le azioni fuori etica, come le intenzioni fuori etica, fanno perdere la dignità. Applicando questi semplici concetti all'area del lavoro del consulente commerciale, è facile comprendere come costui debba assolutamente tenersi lontano dal paradigma di chi ha intenzione di farsi la veranda abusiva, per scegliere invece quello di chi non ne ha alcuna intenzione.

Il consulente commerciale che si voglia curare dalla sindrome della veranda abusiva ha una sola strada, e quella strada è la responsabilità. Ciò significa che per vedere le cose come sono realmente, prima di perdere tempo a trovare, analizzare e fare ragionamenti su giustificazioni assurde, egli deve cercare le risposte dentro e solo dentro le sue azioni, le sue intenzioni e le sue controintenzioni, vedendole così come esse sono realmente e trovando solo risposte riguardo alle sue azioni. Perché responsabilità significa risposta e non giustificazione.

Se vuole veramente creare la condizione emotiva, il consulente commerciale deve lavorare sulla propria responsabilità, deve potersi dare come risposta di aver fatto tutto quello che era giusto fare per stare di fronte al cliente con un grado di "proattività" così forte che sicuramente sarà solo lui ad avere in mano la situazione e a portarla là dove lui la vorrà portare.

**SEGRETO n. 38: il consulente commerciale, per creare la condizione emotiva, ha una sola strada: quella della responsabilità.**

L'etica è accordo e il primo accordo di etica che il consulente commerciale dovrà fare è con se stesso. Lui potrà provare a prendere in giro le persone e l'universo che lo circonda, ma se arriverà a prendere in giro se stesso convincendosi che quando non è riuscito a creare la condizione emotiva e non è riuscito a ottenere eccellenza del suo fare è stato per ragioni indipendenti dalla sua volontà, proprio in quell'istante entrerà in gioco una malattia incurabile denominata "sindrome della rana bollita".

Quello della rana bollita è un esempio che potrebbe sembrare non reale e macabro, ma che rende bene l'idea! Come sapete, la rana è un anfibio e come tale riesce a vivere sia dentro che fuori dell'acqua; se essa venisse posta in una pentola di acqua calda, avrebbe sensibilità della temperatura troppo calda e reagirebbe scappando via e salvandosi da morte certa.

Se invece la rana venisse posta nella pentola alla sua temperatura ideale, essa, man mano che si dovesse alzare la temperatura dell'acqua, non se ne renderebbe conto e dunque non farebbe niente per salvarsi, ma anzi si adagerebbe nel liquido che è per essa un luogo ideale, fino a morirvi. Ecco, questo è quello che succede alle persone quando ricevono stimoli da emozioni di piacere o di dolore molto forti: esse reagiscono e capiscono che per migliorarsi o per sopravvivere devono cambiare le abitudini cattive e logoranti.

Se invece esse rimangono a crogiolarsi nel torpore delle giustificazioni e delle cattive e passive abitudini, arriveranno a morire. Così, ogni giorno di più, senza accorgersi che sono ormai morti che respirano e che camminano, si ridurranno a vivere una vita fatta di mediocrità e insensibilità. Lungi da comportamenti del genere, il consulente commerciale deve invece avere una grande dignità e una grande dignità non si ottiene solo con i buoni propositi ma soprattutto con un lungo periodo di azioni etiche, fatto di pochissimi compromessi e di grandi azioni di responsabilità. Solo così la vera dignità della propria professione porterà il consulente commerciale del futuro a non accettare compromessi dai fornitori e dai clienti, cosicché sarà lui e solo lui a guidare i suoi clienti verso il grande successo di entrambi.

**La fisionomia del consulente**

Per "fisionomia" non intendo il fisico, il vestito, la macchina che il venditore deve avere, non intendo quello che di una persona si vede, quello che è esteriore. Per fisionomia intendo quello che il consulente commerciale è e deve essere. Quando dico che il venditore deve cambiare fisionomia, voglio dire che egli deve far cambiare al cliente il concetto, l'idea, il paradigma di che cosa e, soprattutto, di chi il consulente commerciale sia. Per spiegare meglio il concetto, sarà necessario innanzitutto chiarirci sul significato della parola "paradigma".

Ognuno di noi ha un modo di interpretare le cose e l'ambiente che lo circonda in funzione della propria cultura, dell'esperienza e del tono emozionale che lo caratterizza. Tutte le persone vedono e giudicano la realtà solo in funzione delle proprie idee, di come è andato un primo incontro, della propria cultura, delle informazioni che ci propinano ogni giorno alcuni mezzi di informazione e di una serie di altri fattori che comunque dipendono dall'esperienza soggettiva che ognuno fa del mondo.

Ecco, il paradigma è proprio il modello di realtà che ognuno si costruisce in base all'esperienza e attraverso cui analizza e giudica il mondo. Nella nostra realtà, il paradigma standard che la maggior parte delle persone ha in mente quando pensa alla figura professionale del venditore è quello di una persona con la valigetta, il telefonino, la penna e la calcolatrice, che pensa solo a vendere senza avere la minima attenzione per il cliente. Un cliente che egli, una volta concluso il suo bel contratto, "abbandonerà" fino alla prossima opportunità di vendita.

Una simile idea preconcetta del venditore, ovviamente crea altrettante idee preconcette sul tipo di comunicazione e sulle attese che si possono avere nei suoi confronti. L'idea secondo la quale il venditore sia "una persona che pensa solo a vendere" porta alla vanificazione di tutti gli sforzi che il venditore potrebbe fare per cercare di essere diverso dal modello preconcetto che si ha della sua figura professionale. A causa del pregiudizio egli, se anche avrà una fisionomia diversa da quella di tutti i suoi colleghi, verrà trattato come se fosse uguale a tutti gli altri venditori.

Da ciò si comprende che, quando si parla di fisionomia del consulente commerciale, si sta parlando non solo del nuovo habitus che il venditore deve assumere nel presentarsi alla clientela, ma anche, e forse soprattutto, di come egli, a piccoli passi, debba adoperarsi per far cambiare nella mente dei clienti il paradigma che essi hanno rispetto al venditore. E questa, certo, non è cosa facile né veloce da ottenere, ma sarà il frutto di un lungo processo di cambiamento operato dal consulente commerciale su di sé e sugli altri. La fisionomia autentica e corretta del consulente commerciale viene costruita solo se egli stesso per primo cambia il suo paradigma rispetto al proprio ruolo e alle responsabilità che questo nuovo ruolo implica. E la prima cosa che deve cambiare, è il paradigma che egli ha del cliente: questi non deve essere mai considerato dal venditore solo un'entità a cui bisogna propinare qualsiasi prodotto a prescindere se gli serva oppure no o a cui si va a far visita solo quando c'è odore di affare a breve termine e diretto. La nuova fisionomia è quello che il consulente commerciale esprime quando si presenta, quando parla di sé e dell'azienda. È tutta nel modo in cui si pone davanti al cliente, nel tono emozionale che tiene di fronte a lui anche quando questi cerchi di strumentalizzare la comunicazione.

Tutto questo, ovviamente, avverrà se il venditore vorrà utilizzare i mezzi che questa meravigliosa era ci mette disposizione: in tal caso, come un supereroe irradiato dalle radiazioni della conoscenza, egli si trasformerà in un individuo dotato di straordinari poteri. Con i raggi x della sua saggezza, vedrà chiaramente tutto e tutti, con il suo superudito sentirà tutti i movimenti, così da cogliere opportunità di abbondanza e successo, creando attorno a sé clienti di successo che lo vedranno come il loro e unico super consulente commerciale.

**SEGRETO n. 39: la fisionomia autentica e corretta del consulente commerciale viene costruita solo se egli stesso per primo cambia il suo paradigma.**

**Esercizi del Giorno 5:**

- Cerca nel glossario interno oppure in un buon vocabolario le parole mal comprese che hai trovato e vai avanti solo se le hai comprese tutte.
- Scrivi tutte le volte che ti sei imbattuto in figure che non erano decisori.
- Inserisci i nomi dei decisori e degli influenzatori nel tuo database-clienti.
- Progetta l'ambiente ideale per una trattativa.
- Scrivi quali sono i motivi per cui si deve interrompere un cliente mentre ti sta parlando delle sue necessità.
- Fai un'analisi onesta ed esatta di quale è la percezione che i clienti hanno di te.

RIEPILOGO DEL GIORNO 5:

- SEGRETO n. 30: il decisore può stabilire di restare all'ombra delle "entità terminali" ma prende sempre le decisioni fondamentali. Il venditore deve imparare a riconoscerlo.
- SEGRETO n. 31: puoi dedicare all'influenzatore una piccola indagine o una conversazione, ma stai ben attento a non confonderlo con i decisori.
- SEGRETO n. 32: presentare in fretta il preventivo di un prodotto importante è svalutante.
- SEGRETO n. 33: il venditore deve stimolare anche un cliente timido a parlare e a raccontare.
- SEGRETO n. 34: l'ambiente gioca un ruolo fondamentale nel creare una condizione emotiva favorevole.
- SEGRETO n. 35: l'ambiente adatto per accogliere il tuo cliente deve essere confortevole, pulito, ordinato e con gli strumenti necessari per rendere semplici tutte le operazioni volte a creare la condizione ottimale.
- SEGRETO n. 36: l'emozione del consulente commerciale è importantissima per disporre il cliente positivamente ed emotivamente a un incontro.

- SEGRETO n. 37: il venditore non deve fingere, altrimenti gli risulterà difficile trasmettere le sue idee e farle comprendere al cliente.
- SEGRETO n. 38: il consulente commerciale, per creare la condizione emotiva, ha una sola strada: quella della responsabilità.
- SEGRETO n. 39: la fisionomia autentica e corretta del consulente commerciale viene costruita solo se egli stesso per primo cambia il suo paradigma.

# GIORNO 6:

## Come risolvere le obiezioni nella vendita

In ogni processo di vendita, prima di concludere il contratto, c'è una fase quasi inevitabile, ed è quella in cui il cliente comincia a sollevare delle obiezioni. Sappi che le obiezioni emergono nel momento in cui il cliente individua delle debolezze nel processo della trattativa e ti posso assicurare che sono inevitabili, perché anche se avrai messo in atto tutte le condizioni utili per concludere facilmente, ci sarà sempre il cliente che deciderà di obiettare a ciò che dici.

Il vero problema sta nel fatto che queste obiezioni siano vere o false. Se sono false, nessun problema: il fatto di averle sollevate fa evidentemente parte della particolarità del singolo cliente. E comunque un'obiezione falsa si può risolvere con estrema facilità. Ricorda che le cose false si combattono con le verità. Se invece sono vere è chiaro che qualcosa è stata trascurata oppure non è stata per nulla fatta nel processo della trattativa.

Un'obiezione vera sarà più difficile da risolvere: avrai l'impressione di aver costruito un palazzo per poi accorgerti che alcuni pilastri non sono stati previsti nella progettazione e quindi non ci sono. In questo caso ti sarà difficile far stare in piedi la costruzione, a meno che tu non possa intervenire radicalmente.

Questo è ciò che succede nelle trattative quando il venditore omette di seguire alcune leggi fondamentali nel processo. In questo caso deve, quantomeno, assumersi la responsabilità di ripercorrere mentalmente il processo della vendita e scoprire quali e quante condizioni ha omesso di mettere in atto o non ha messo in atto nella maniera giusta.

**SEGRETO n. 40: se le obiezioni sono vere qualcosa è stato trascurato nel processo della trattativa.**

Solo assumendosi la responsabilità del buon o cattivo andamento della trattativa, la prossima volta il venditore farà meno errori che sia possibile, mettendosi nelle giuste condizioni per giungere a una conclusione di successo.

A questo proposito, eccoti alcune leggi fondamentali che ti aiuteranno risolvere il problema delle obiezioni.

**La legge del "mai dire costa"**

«Quanto costa?» «È caro!» «Che sconto mi fa?» «Costa troppo!» Queste sono le domande o le risposte della comunicazione, ormai logora, che in genere oggi intercorre tra il venditore e il potenziale acquirente. Quest'ultimo, infatti, si è fatto l'idea, peraltro errata, che se pronuncia una certa frase riuscirà a strumentalizzare il venditore che ha davanti al fine di ottenere un maggiore sconto o di vedersi accordata una dilazione di pagamento più lunga.

È importante rendersi conto che il consulente commerciale, nonostante possa aver creato una condizione emotiva favorevole, deve comunque arrivare a presentare un prezzo del prodotto da vendere al potenziale acquirente. È ovvio che questo tipo di comunicazione è necessaria e inevitabile, però, mentre nel caso di alcuni beni come quelli di consumo, di lusso o i voluttuari, è necessario farlo pressoché subito, quando invece si tratta di beni strumentali o di beni che servono per produrre, esiste la possibilità di non iniziare subito a parlare di prezzi.

Infatti, se il consulente commerciale è riuscito ha creare la giusta condizione emozionale, il cliente deve giungere al punto di vedere solo ed esclusivamente quello che quel bene gli farà guadagnare o di vedere solo la catena del valore che il prodotto presentatogli reca in sé. Insomma, il risultato che il consulente commerciale deve ottenere è che il cliente non gli faccia la domanda: «Quanto costa?» quanto piuttosto «Quanto mi farà guadagnare?»

Un bene strumentale non si deve acquistare per riempire una parete o per una legge obbligatoria, il consulente commerciale, infatti, lo vende perché al cliente dovrà produrre dei vantaggi tangibili e intangibili. Perciò, quando lo presenterà, egli dovrà fare in modo che il cliente veda solo i grandi vantaggi che porterà alla sua attività, sia economicamente che socialmente.

**SEGRETO n. 41: il consulente commerciale vende un bene strumentale se il cliente vede i vantaggi tangibili e intangibili che gliene potranno derivare.**

Per questa, e per altre cento ragioni, il consulente commerciale non solo deve avere una profonda conoscenza tecnica del prodotto che vuole vendere, ma deve assolutamente conoscere alla perfezione i dati funzionali di esso per poterli discutere con competenza allo stesso livello di professionalità che il cliente possiede in base alla professione che esercita.

Il cliente, attraverso quello che il consulente commerciale gli illustra con competenza riguardo a un prodotto, deve essere messo in condizione di comprendere e analizzare quali sono i veri vantaggi economici e sociali che gli deriveranno dal suo acquisto. Solo così, giunto al momento di parlare del prezzo del prodotto, egli potrà avere un grosso margine di vantaggio sul cliente che, poiché vuole assolutamente il prodotto, metterà in secondo piano il costo e la concorrenza.

La legge del "mai dire costa" funziona solo se il consulente commerciale è stato attento a non fare un'offerta fotocopia della concorrenza, quando, cioè, ha presentato un prodotto che non è comparabile con altri. Infatti capita spesso che il potenziale acquirente chieda lumi e si informi sulle condizioni di acquisto di un prodotto e che, mentre lo fa, renda evidente al venditore con il quale stra trattando che ha già richiesto la stessa cosa alla concorrenza oppure che addirittura già conosce le caratteristiche tecniche e i prezzi del prodotto che vuole acquistare.

In questi casi, il consulente commerciale a cui il cliente chiede informazioni su un certo prodotto, non dovrà assolutamente presentare lo stesso prodotto della concorrenza, a meno che non sia sicuro di vincere. Dovrà invece trovare un altro prodotto simile a quello richiesto ma molto più adeguato alle necessità del potenziale acquirente, in modo da mettere in ombra il prodotto precedente e da non consentire al cliente alcuna comparazione.

**SEGRETO n. 42: la legge del "mai dire costa" funziona solo se il consulente commerciale ha presentato un prodotto che non è comparabile con altri.**

Anche in questo caso giocherà un ruolo fondamentale la conoscenza che il consulente commerciale ha dei suoi prodotti. Infatti, solo grazie a una grande competenza tecnica e funzionale su ciò che vende, egli potrà trovare un prodotto non comparabile. Il mai dire costa funziona solo se il consulente commerciale sarà in grado di sviluppare velocemente al cliente:

- il conto economico di un investimento specifico;
- il calcolo del punto di pareggio di un investimento specifico;
- una comunicazione semplice che renda reali i benefici di un prodotto.

Il conto economico di un investimento consiste nell'indicare, con precisione, due fattori. Da una parte i cosiddetti "costi/sacrifici", ovvero il valore del bene e dei costi aggiuntivi come quelli relativi ad accessori, manutenzione, consumi; dall'altra tutte le voci dei cosiddetti "ricavi/benefici", come per esempio: risparmi energetici, su acqua, elettricità, gas ecc., risparmi di manodopera quantificata in ore di lavoro, risparmi tangibili su detersivi, materie prime ecc. e risparmi intangibili come l'assenza di stress, di lavori festivi, di disservizi, tranquillità rispetto dell'igiene, controlli, sicurezza ecc.

Tutto ciò, ovviamente, andrà ricalcolato in proiezione nel tempo settimanale, mensile e/o annuale. La differenza tra i costi/sacrifici e i ricavi/benefici, calcolata in modo onesto, dovrà evidentemente andare a tutto vantaggio dei ricavi/benefici, al fine di poter dimostrare i grandi vantaggi economici tangibili e intangibili che l'investimento dell'acquisto del bene strumentale o dell'impianto riuscirà a produrre.

In qualsiasi conto economico è fondamentale rilevare la condizione "tempo": infatti, bisogna decidere se calcolare gli ammortamenti per mese, per anno o per anni, cosa che dipende sempre dal tipo e dall'entità dell'investimento. Tieni conto che, se si parla di macchine da lavoro quotidiano, il conto economico potrebbe andare da un minimo di sei mesi a un massimo di tre anni, cioè il bene deve avere un tornaconto vantaggioso entro breve o medio termine. Ci sono poi casi in cui i beni si rivelano vantaggiosi anche entro i tre mesi. Di fronte a prospettive di vantaggio così brevi e di fronte a una buona presentazione del prodotto da parte del consulente commerciale, è certo che il cliente non rinvierà l'acquisto. Invece, quando si calcolano i conti economici per arredamenti o impianti, questi non dovrebbero superare i cinque anni, altrimenti, a mio avviso, vuol dire che l'investimento è sbagliato o troppo alto.

In ogni caso, ricorda di mettere sempre in primo piano gli sbilanci vantaggiosi intangibili, come l'avere maggior tempo da dedicare alla famiglia e a te stesso, meno festività lavorate, più tempo per la sperimentazione, meno stress, meno disservizi, più organizzazione ecc. Ti faccio alcuni esempi al riguardo.

**Esempio n. 1:** conto economico dei risparmi che produce la nuova macchina o impianto. "Tempo" (settimana-mese-anno):

| | |
|---|---|
| investimento tipo | € 10.000 |
| consumi energia | € 300 |
| manodopera | € 6000 |
| consumi materie | € 200 |
| **totale costi/sacrifici** | **€ 16.500** |

| | |
|---|---|
| risparmi energia (anno) | € 2000 |
| risparmi manodopera (anno) | € 23.000 |
| risparmi materie (anno) | € 1500 |
| **totale ricavi/benefici (anno)** | **€ 26.500** |

**sbilancio vantaggioso "tempo" (anno) € 10.000**

Il punto di pareggio, chiamato pure “BeP”, Break even Point, che sta per punto di rottura o punto di saturazione, sostanzialmente va a calcolare il punto in cui l’investimento comincia a produrre utili. Esso, cioè, riesce a identificare quanto fatturato occorre realizzare, in quanto tempo, in quale mese. O, meglio ancora, quanti pezzi o quanti kg di prodotto si devono produrre al giorno per l’anno affinché risulti conveniente comprare quel bene.

Il calcolo è abbastanza semplice se si conosce il prodotto e il margine di contribuzione lordo del prodotto che, a sua volta, determina quanti pezzi o quanti kg di merce si potranno o dovranno produrre o vendere al giorno, alla settimana, al mese, all’anno. Ricorda che: il margine di contribuzione lordo è la differenza in percentuale tra il prezzo di vendita e il costo del venduto; il costo del venduto è il prezzo del prodotto che si deve vendere oppure le materie prime che compongono il prodotto.

Con questo calcolo sarà facile far individuare al cliente in quanto tempo rientrerà dall’investimento e quanti pezzi di merce dovrà vendere al giorno, alla settimana, al mese. Attraverso questo calcolo sarà più semplice e verosimile per il cliente capire i grandi vantaggi economici che gli stai proponendo perché li vedrà in tre dimensioni e conterranno qualcosa che egli già conosce, cioè i numeri che vede ogni giorno passargli per le mani.

**Esempio n. 2:** calcolo del punto di pareggio della macchina o impianto:

| | |
|---|---|
| investimento tipo | € 10.000 |
| consumi energia | € 300 |
| manodopera | € 6.000 |
| consumi materie | € 200 |
| **totale costi/sacrifici** | **€16.500** |

**Margine di contribuzione lordo prodotto lavorato per kg:**

| | |
|---|---|
| costo del venduto materia prima | € 10 al kg |
| prezzo di vendita | € 50 al kg |

| | |
|---|---|
| 1° calcolo | € 50 - € 10 = € 40 (margine lordo valore) |
| 2° calcolo | € 40/€ 50 = 80% (margine lordo %) |

**SEGRETO n. 43: il punto di pareggio, calcola il punto in cui l'investimento comincia a produrre utili.**

Calcolato il margine lordo si può passare ai calcoli successivi, come per esempio il punto di pareggio, da dove si possono ricavare una serie di dati che renderanno sempre più reale il valore dell'investimento. Renderli reali significa portare il calcolo alla realtà del cliente. Sì, perché un importo da solo non dice niente ma un dato da cui ricavare la quantità del prodotto o il numero dei pezzi da vendere ogni giorno, trasformeranno un calcolo apparentemente complicato in numeri leggibili ed entusiasmanti per il cliente a cui dimostrerai che prima fa l'acquisto e prima comincia a guadagnare.

**Esempio n. 3:** punti di pareggio (BeP):

1° calcolo BeP

€ 16.500/80% = € 20.625 (punto di pareggio)

2° calcolo BeP Kg

€ 20.625/€ 50 = 412,5 Kg (BeP/kg)

3° calcolo giorni

412,5 Kg/BeP/12 Kg/g = 34 (gg/Kg)

Saper maneggiare questi dati a menadito significa non iniziare mai a parlare di prezzi, così come vuole la legge del mai dire costa, ma parlare subito di cosa serve al cliente per avere successo. Significa non sentirsi dire: «È caro, la concorrenza mi fa un prezzo inferiore.» Ma soprattutto significa non perdere assolutamente tempo a fare l'ufficio informazioni e a stilare innumerevoli preventivi gratuiti.

**SEGRETO n. 44: il conto economico di un investimento consiste nell'indicare con precisione da una parte i cosiddetti "costi/sacrifici" e dall'altra tutte le voci dei cosiddetti "ricavi/benefici".**

La condizione di esistenza del vero consulente commerciale è quella di fare il consulente; ciò significa che egli deve essere l'unico interlocutore in grado di far percepire, con dati di fatto, i valori ai committenti affinché essi abbiano il massimo dei benefici con il minimo dei sacrifici.

Quando il consulente commerciale saprà usare bene strumenti come quelli analizzati, eviterà, presentando un qualsiasi prodotto, di parlare di prezzi, non dirà mai quanto costa, ma sarà in grado di elaborare in autonomia e velocemente qualsiasi conto economico e qualsiasi BeP personalizzato, cliente per cliente. Ovviamente, quando si dice che il consulente commerciale conosce a menadito il prodotto sia tecnicamente che a livello funzionale, significa che sa esattamente che cosa produce e come lo produce, dunque sa, ad esempio, cosa potrebbe significare produrre un gelato, una torta, un cioccolatino, il pane o cose del genere.

Ci possono essere casi nei quali il mai dire costa potrebbe non essere applicato strategicamente e sono i casi in cui il cliente si presenta con un'offerta della concorrenza molto articolata e già nella fase avanzata. Solo in questo caso, dato che, come si suol dire «il dado è tratto.» si può fare una contro offerta bassa poiché comunque si potrebbe raggiungere il vantaggioso risultato di far guadagnare quanto meno è possibile alla concorrenza.

Si potrebbe ipotizzare di usare la "tecnica dell'offerta furba", cioè inserire gli stessi prodotti a prezzi netti molto strategici senza evidenziare assolutamente lo sconto della concorrenza ma evidenziando, al contrario, il proprio prezzo netto molto competitivo specialmente su quei prodotti evidenti. Oppure, ancora meglio, si possono dichiarare i prezzi normali e aggiungere dei valori compresi nel prezzo come garanzie aggiuntive: contratti di manutenzione, tasso zero, manutenzione, visite programmate, avvio locale con consulenti e simili.

Fare preventivi affidando alla fortuna il successo della vendita o pensare che il cliente acquisti solo perché si ha il marchio migliore è ormai un'idea obsoleta. Ricorda che oggi sei quello che meriti; infatti, solo se ti spenderai nello studio e nell'apprendimento delle strategie che portano al successo dell'opportunità che hai creato, avrai molte più probabilità di creare abbondanza. Se, al contrario, agirai come ti ho indicato, farai tantissimi preventivi con l'idea di avere fortuna e qualcuno diventerà magari anche un contratto, ma saranno sempre risultati proporzionali alle flessioni dei mercati.

**La legge del "mai dire uguali"**

Nel tessuto sociale attuale, anche a causa di fenomeni quali la globalizzazione e la comunicazione esagerata dei media, che si servono spesso di messaggi generalizzati quando si rivolgono a un pubblico magari impreparato, si è raggiunto un tale livello di omologazione che ormai tutto sembra simile, se non addirittura uguale.

Anche nel mondo dei beni durevoli, dei beni strumentali o degli arredi si è diffusa una preoccupante omologazione. Forse ciò è avvenuto a causa della poca creatività dei costruttori e degli addetti allo sviluppo dei prodotti, alla loro comunicazione insincera e specialmente alla poca etica delle loro approssimative politiche di distribuzione nel territorio.

Politiche che, magari, i costruttori e gli addetti allo sviluppo copiano dai mercati di prodotti che hanno una larga diffusione come detersivi, telefonini, auto, vestiti e altri beni di largo consumo. Lo fanno senza tenere conto della fortuna di essere invece nel mercato dei beni strumentali, che forse è uno dei mercati dove si ha ancora la possibilità di essere assolutamente originali rispetto agli altri.

Questi costruttori, con la scusa che devono fatturare e che il loro fatturato è basso, non investono un soldo nelle ricerche per creare differenze sostanziali rispetto alla concorrenza, piuttosto investono nel "copia e incolla" creando una marea di prodotti uguali tra di loro sia per tecnologie che per forme. Le copie, a loro volta, risultano così ben fatte, da presentare persino i difetti della concorrenza a cui sono ispirate, senza che i "copiatori" se ne rendano conto!

La cosa più triste è che si copiano pure le strategie di marketing, scimmiottate da mercati più evoluti oppure riprese in toto dal concorrente che magari ha avuto un po' di successo, senza avere dati certi su quale sia stato il vero motivo di quel successo. Ecco, dunque, da dove deriva la facilità con cui qualunque cliente può trovare e acquistare ricambi e materiali simili agli originali anche attraverso canali diversi da quello dell'acquisto presso gli esclusivisti di zona quali concessionari, agenti dealer ecc. È chiaro che a questo cliente, attratto dal miraggio del reperimento a minor costo di ciò che gli occorre, poco o nulla importerà della copertura di ufficialità che gli offre il distributore autorizzato nel vendergli un prodotto originale; così come del fatto che, se compra altrove, avrà sì dei ricambi ma essi non saranno affatto originali.

L'Italia è la nazione che ospita il maggior numero di costruttori di beni strumentali che esportano all'estero e che vogliono essere presenti, ovviamente, anche in Italia. In Italia esiste, per quanto riguarda questo settore, un'infinità di piccole aziende emergenti che riesce ad avere il favore di distributori magari non troppo esigenti in termini di garanzie di volumi e finanziarie.

Così può capitare e, ahimè, capita sovente, che anche uno sprovveduto in materia di impianti e beni strumentali che si faccia stampare un biglietto da visita e lo intesti "agente di commercio", incontri la fiducia dei costruttori. Essi gli offriranno considerazione e lo riempiranno di listini e cataloghi permettendogli di lavorare in zone già coperte da concorrenti ai quali egli procurerà sicuramente un gran danno.

Ci sono poi i fornitori che hanno già il loro distributore che magari si fa in quattro per fare dimostrazioni, manifestazioni come il classico "porte aperte", operazioni di marketing a medio termine, che fornisce ricambi e garantisce assistenza tecnica da anni. Poi, di punto in bianco, grazie all'opera di qualche estroso direttore commerciale "top manager", essi pensano di avere il diritto di provare a fare i furbi inventandosi i "Pva", punti vendita autorizzati, i "Vo", venditori occasionali, i "So", segnalatori occasionali. Oppure segmenti diversi di mercato nella stessa zona di esclusiva o di appartenenza del distributore, creando non poche delusioni e non pochi danni al distributore e facendo decisamente una pessima figura quanto a serietà e professionalità.

Comportamenti scorretti come questo, da parte dei costruttori, possono produrre una grave demotivazione nel distributore. Egli, se non ha alternativa, continuerà a vendere sì quel prodotto, ma di certo con meno passione, cosa che alla fine avvantaggerà solo uno svilimento e abbassamento della figura professionale del distributore.

**SEGRETO n. 45: comportamenti scorretti da parte dei costruttori, possono produrre una grave demotivazione nel distributore.**

Detto ciò, se i distributori continueranno solo a illudersi che i fornitori improvvisamente emergano da questo "torpore da rane bollite" e diano nuove motivazioni alla rete distributiva; se continueranno solo a sperare che di colpo i fornitori mettano in atto strategie di marketing innovative, coraggiose e magari uniche; se credono che riprendano in considerazione il fatto che la rete distributiva la si deve creare, formare, motivare, controllare affinché questa diventi il terminale potente di presidio nel territorio per un futuro più entusiasmante, per crescere insieme e fare muro a qualsiasi concorrenza; se continueranno ad attendere senza fare niente, sicuramente essi soccomberanno economicamente, professionalmente e, cosa ben più triste, anche come persone.

**SEGRETO n. 46: è necessario creare, formare, motivare, controllare la rete distributiva.**

Anche per questo motivo ci troviamo oggi a operare professionalmente in uno scenario economico nel quale l'offerta supera ormai di gran lunga la domanda. In questo contesto molti produttori, con la scusa di allinearsi e adeguarsi, finiscono per copiarsi spudoratamente l'un l'altro, per cui tanti prodotti sono diventati simili, se non addirittura uguali.

Prova a fare un esperimento su un prodotto di cui, magari, non hai grande conoscenza, per esempio, sull'auto: stessa categoria, marche diverse. Procurati delle immagini e delle schede tecniche, possibilmente foto dello stesso colore e mettile a confronto. Ebbene, il risultato sarà che, a meno che tu non sia un grande esperto e appassionato di auto di quella categoria, non noterai grandi differenze tra l'una e l'altra auto di marca diversa.

Questo è quello che oggi avviene quando un venditore presenta un bene strumentale o un progetto dove le attrezzature oltretutto sono pure di acciaio inox, con colore, quindi, unico, e della stessa dimensione. Anche quando il venditore provi a fare qualche presentazione più elaborata servendosi di strumenti come elaborazioni in 3D, rendering, foto realistiche, e cose del genere, che tra l'altro richiedono tempi e costi assurdi per l'azienda del venditore, alla fine tutto viene vanificato con una risposta del genere: «Sì, è bello, ma è simile al prodotto della concorrenza.» oppure «Sì, ma la concorrenza me lo dà uguale, se non migliore e a costo più basso.»

Per evitare simili inconvenienti, il consulente commerciale deve avere come paradigma la legge del mai dire uguali. Egli non deve mai andare dal cliente con qualcosa che possa avere la benché minima possibilità di essere messo a confronto con un prodotto simile della concorrenza.

A volte il venditore, pensando di semplificarsi il lavoro, alla richiesta di un preventivo da parte del cliente, si propone con un prodotto uguale o simile a quello che sicuramente il cliente ha già visionato presso un altro venditore, dicendo: «È uguale, ma il mio è migliore, perché è più...» ed entrando, così, nel tunnel dell'opinabilità.Egli, in tal modo, offre il fianco al cliente, che potrà mettere a confronto il suo prodotto con quello di altri, e pone quindi la sfida solo ed esclusivamente sul piano del prezzo, senza nessun'altra argomentazione possibile volta a illustrare la catena di valori che il prodotto invece reca implicitamente in sé.

**SEGRETO n. 47: il venditore non deve mai proporre un prodotto uguale o simile a quello che sicuramente il cliente ha già visionato presso un altro venditore.**

D'altro canto, mi rendo conto del fatto che venga naturale, di fronte a una richiesta di preventivo da parte di un potenziale nuovo acquirente, rispondere alle sue richieste pensando di coprire le sue reali necessità. In quel momento, il venditore si sta mettendo in gara con molti altri concorrenti sullo stesso terreno di battaglia e possibilmente con le stesse armi, ma convinto di essere il più forte.

Egli è convinto di essere il più forte forse perché il cliente è stato gentile con lui oppure perché sa di avere i prezzi migliori o i prodotti migliori. Comunque è convinto di essere il più forte e si butta nella mischia. Ma, come sai, anche se una persona è esperta nelle arti marziali, è alta due metri ed è forzuta, se si butta in una mischia dove ci sono troppe persone che litigano, comunque prenderà qualche pedata in faccia e ne uscirà malconcia.

Allo stesso modo, se il venditore affronta una gara in cui ci sono troppi concorrenti con prodotti uguali o simili, anche se è forte nei prezzi, nei servizi e nei prodotti, per portare a casa il lavoro dovrà lasciare parecchio e alla fine la vincita non si rivelerà veramente tale, perché dalla gara uscirà anche lui malconcio e demotivato.

Il consulente commerciale, quando arriva una richiesta di preventivo, la deve invece studiare in una prospettiva molto diversa da quella del semplice venditore. Invece di concentrare l'indagine solo sulla richiesta, deve cercare di andare oltre, possibilmente con il rischio di intaccare anche la privacy del potenziale cliente, per sviscerarne le reali e nascoste necessità e soprattutto per individuare che cosa realmente il cliente deve realizzare: molte volte neanche lui lo sa!

È chiaro che, e non lo ripeterò mai abbastanza, per fare tutto ciò il consulente deve avere una grande preparazione tecnico/funzionale. In presenza di questa condizione, egli riformulerà l'offerta concentrando tutta la sua energia professionale e creativa sulla diversità, allo scopo di combattere in un terreno di battaglia dove il contendente è solo il consulente commerciale e tutti gli altri sono nella rissa in fondo alla valle, dove il sangue scorre a fiumi. In ogni caso, anche se dovesse vincere la concorrenza, comunque sarà un'amara vincita, cioè sarà solo un'altra zolla di terra che andrà a coprire la loro fossa.

La legge del mai dire uguali si applica senza sforzo e in automatico quando il consulente commerciale assolve il proprio ruolo come un consulente vero e proprio. Pensa a un cliente che abbia davanti una persona altamente etica, competente, preparata, presente, pronta e sicura di sé. Questa condizione, che dovrebbe essere la normalità, oggi è diventata una grandissima differenza rispetto a migliaia di altri venditori che sono là fuori, che provano a fare un mestiere secondo loro uguale a tanti altri e di cui non sanno cogliere gli aspetti più particolari e delicati.

Dicono tutti le stesse cose, fanno tutti le stesse cose e alla fine nessuno di essi fa le cose come devono essere fatte, cioè mantenendo gli accordi con se stessi e con i propri clienti. Questa dimenticata "normalità", oggi e nel futuro, sarà la base per fare la differenza agli occhi del cliente. Ricorda che: «Se scegli tu il terreno di battaglia, avrai molte più possibilità di vincere senza combattere.» (Sun-tzu)

**La legge del "mai dire servizi"**

Che cosa è un servizio? A che cosa serve un servizio fornito da un'azienda? Normalmente l'azienda, quando vende un prodotto, dà per scontato che alcuni servizi tipo il trasporto, la progettazione, il montaggio e simili siano compresi nel prezzo. Oltretutto il venditore classico, abituato a vendere con tutti questi valori aggiunti, neanche li cita in fase di contratto perché li dà per scontati e li sminuisce, tanto che magari ne deve per forza aggiungere degli altri, altrimenti l'offerta non diventa interessante.

Quando parlo di "altri servizi", mi riferisco a cose importanti e costose come: creazione del design, studio del marchio, studio di fattibilità, ricettari, direzione cantieri, pratiche amministrative, rottamazioni, certificazioni, calcoli di Break even Point e consegne speciali: magari notturne, festive, al quarto piano! Ma anche sistemi di sicurezza, piani operativi di sicurezza, consulenze tecnologiche sui prodotti, studio di flussi operativi, studio di organizzazione aziendale, consulenza di marketing.

Sono questi i servizi che spesso il venditore promette allo scopo di vendere qualche prodotto, magari del valore di poche migliaia di euro, con il risultato di sminuire il vero valore del servizio come anche, paradossalmente, del prodotto che il consulente commerciale sta vendendo. Ovviamente, ciò accade perché il consulente non conosce il vero potenziale del servizio che promette di offrire gratis.

Se egli infatti fosse veramente competente della sua materia, saprebbe bene che i servizi che egli, con grande disinvoltura, promette di offrire nella vendita dei beni strumentali come compresi nel prezzo, di per sé sono invece importanti prodotti di valore. Sono prodotti veri e propri e alcuni di essi, implicando la responsabilità civile e penale dell'azienda, hanno in sé un valore intrinseco che supera spesso di gran lunga il valore del bene strumentale venduto.

Tra i tanti servizi che i consulenti commerciali promettono di fornire come compresi nel prezzo, ci sono poi quelli legati all'opera dell'intelletto umano e dell'esperienza che, pur se sottovalutati, hanno di fatto un grande valore intangibile. Tuttavia, il solo fatto che attività di pensiero come progettazione, realizzazione di format, studio di marketing, formazione ecc. vengano definite come "servizi" rende l'idea di quanto sia sottostimata l'opera creativa. Essa, invece, si rivela di fondamentale importanza nella realizzazione di qualunque lavoro che si possa dire ben fatto.

Per finire la trattazione, vorrei soffermarmi sul servizio di assistenza tecnica post-vendita, che merita una nota a parte tanto è delicato. Ebbene, fino a quando questo tipo di servizio viene erogato in modo canonico, cioè nel tempo di quarantott'ore, e i ricambi sostituiti in garanzia sono solo quelli indicati nel contratto o a norma di legge, esso può a buon diritto essere definito come servizio di assistenza tecnica.

Ma se il servizio di assistenza tecnica del bene si somministra con interventi entro le ventiquattr'ore e persino anche entro le sei ore; se i ricambi sono a sostituzione totale senza tenere conto del contratto ma solo del buon senso personale; se la garanzia viene estesa oltre i tempi regolari previsti dal contratto; se la garanzia sulla funzionalità globale della macchina viene estesa non solo ai suoi meccanismi ma alla sua stessa struttura e la garanzia sulla reperibilità dei ricambi originali viene data anche per decenni dall'acquisto, allora penso che tutto questo non si debba definire semplicemente "servizio". Si tratta, infatti, di un grande valore di sicurezza somministrata alla clientela anche dopo il periodo classico di garanzia.

Il consulente commerciale deve cominciare a saper riconoscere e quindi differenziare i servizi e i prodotti intangibili di grande valore economico, sociale e creativo. Egli, conoscendo bene i prodotti intangibili di valore che la propria azienda potrà fornire, dovrà saperli vendere a un giusto prezzo, senza cadere nella banalità che tutto ciò che è servizio e non ha un valore tangibile si può fornire gratis.

Quando il consulente commerciale ha la fortuna di lavorare in un'organizzazione che, oltre a vendere prodotti tangibili di alta qualità, è anche capace di produrre tanti altri prodotti intangibili di altrettanta qualità, egli non può che fare la differenza rispetto a qualunque concorrenza. Potrà permettersi di chiedere un corrispettivo in denaro anche per la fornitura di questi prodotti, sebbene intangibili. Questo avviene solo se il consulente commerciale conosce benissimo i veri valori che l'azienda per cui lavora sa mettere in campo e se ha una vera cognizione dei prodotti intangibili che essa sa e può fornire.

Ad esempio, se un venditore pensa che progettare un impianto di macchine o un'attività commerciale equivalga solo a tracciare su un foglio di carta una serie di linee e che quindi tutto il prodotto non sia altro che un disegno, cosa ne conseguirà? Che egli andrà dal cliente con questa convinzione e sminuirà egli stesso il vero valore della progettazione, quando invece in quel lavoro ci sono anni di esperienza, responsabilità, creatività, idee, tempo e tanta, tanta passione. Lo stesso discorso vale quando ci si mette in comunicazione con il potenziale cliente regalandogli idee e soluzioni di problemi senza averne il giusto scambio di valore.

Il consulente commerciale, prima di promettere o di fornire all'acquirente qualsiasi prodotto intangibile, deve saper dare ad esso il giusto valore economico poiché dovrà scambiarlo o con denaro o quantomeno con un maggiore margine di contribuzione sulla vendita, e quindi con minori sconti.

Alla luce di quanto detto, prendi un foglio di carta e una penna e fai un elenco dei prodotti intangibili forniti dalla tua azienda che non possono essere chiamati servizi: studiali per bene, dai loro un valore, prepara della documentazione grafica che ne renda l'idea, e a quel punto presentali ai clienti non più come servizi ma come valori. Vedrai che, sapientemente guidati, anche loro comprenderanno il grande valore di ciò che gli stai offrendo e troveranno naturale che esso abbia un costo. Quindi, mai dire servizi, ma parlare piuttosto di valori intangibili e di prodotti unici, di cui il consulente commerciale ha piena e totale consapevolezza.

**SEGRETO n. 48: il consulente commerciale, deve saper dare il giusto valore economico a tutti i prodotti intangibili.**

**La legge del "mai dire non c'è problema"**

La promessa a un'altra persona è un impegno molto importante per alcuni, ma per altri è solo un intercalare! Infatti molti di noi, specialmente al Sud, quando comunicano, intercalano i loro discorsi con la tipica frase: «Non c'è problema.»

Questa frase, in un dialogo tra amici o persone che stanno parlando di quando o dove vedersi per andare a mangiare una pizza e cose del genere, suona innocua, ma immagina cosa accadrebbe se un venditore, che sa di non poter vendere un certo prodotto o servizio perché non esiste o perché lui non lo possiede in catalogo, dicesse al cliente che vuole proprio quel prodotto: «Non c'è problema.» Nel momento stesso in cui egli promettesse di vendere ciò che non possiede, saprebbe già che la possibilità, sempre incombente, di perdere credibilità e di confermare lo stereotipo classico del venditore di fumo, sarebbe certezza.

Dico questo perché alcune volte purtroppo capita che il venditore, che magari si preoccupa di apparire raffinato, ben vestito, educato, di adottare un linguaggio perfetto e, ovviamente, anche di conoscere il prodotto, non si preoccupi di osservare la regola fondamentale di questo mestiere, che è la seguente: non vendere mai quello che sai di non avere.

Questo venditore "distratto", anche di fronte a una richiesta impossibile, dirà, appunto: «Non c'è problema.», quando invece il problema c'è, eccome! Egli, infatti, sta danneggiando la propria immagine e quella dell'azienda che rappresenta. Ebbene, la legge del mai dire non c'è problema consiste nel non farsi prendere la mano nel promettere più di quello che il venditore può offrire. Infatti, così facendo, egli non mantiene il proprio ruolo di consulente commerciale e crea grossi problemi all'organizzazione.

**SEGRETO n. 49: il consulente commerciale non deve farsi prendere la mano nel promettere più di quello che può offrire.**

Invece di usare il "non c'è problema", il consulente commerciale deve occuparsi personalmente della problematica che il cliente viene a sottoporgli e, prima di promettere, deve informarsi su ciò che può fare. In tal modo potrà trasformare il problema in una risorsa a proprio vantaggio al fine di chiudere con successo il contratto o di rafforzare il proprio rapporto con il cliente.

Nella comunicazione verbale con il cliente, avviene spesso che questi utilizzi, magari involontariamente, degli argomenti strumentalizzanti allo scopo di mettere in svantaggio il venditore. E accade che, il più delle volte, questa comunicazione strumentale faccia il suo effetto, tanto che il venditore cadrà nel tranello di cercare di accontentare tutte le richieste fatte dal potenziale acquirente con tanti "non c'è problema".

Prometterà di risolvergli tutto, nonostante magari non abbia neanche capito esattamente di che cosa si tratti. Bisogna assolutamente evitare di cadere in simili condizionamenti e ciò sarà possibile solo se il consulente commerciale avrà la consapevolezza totale dei prodotti che vende e della loro funzione.

Il consulente commerciale non sarà minimamente influenzato da alcun argomento del cliente volto a strumentalizzarlo, anzi potrà usare la comunicazione strumentale del cliente a proprio vantaggio, per provargli quanto è chiara per lui la situazione e quanto i termini dell'offerta siano precisi e insindacabili. In tal modo acquisterà stima da parte del cliente, che lo riterrà senz'altro un professionista preciso e consapevole, una persona degna di fiducia e competente, proprio come deve essere un vero consulente commerciale.

**Esercizi del Giorno 6:**

- Cerca nel glossario interno oppure in un buon vocabolario le parole mal comprese che hai trovato e vai avanti solo se le hai comprese tutte.

- Esercitati a fare dei conti economici costi e ricavi.
- Esercitati a fare dei conteggi del punto di pareggio.

RIEPILOGO DEL GIORNO 6:

- SEGRETO n. 40: se le obiezioni sono vere qualcosa è stata trascurata nel processo della trattativa.
- SEGRETO n. 41: il consulente commerciale vende un bene strumentale se il cliente vede i vantaggi tangibili e intangibili che gliene potranno derivare.
- SEGRETO n. 42: la legge del "mai dire costa" funziona solo se il consulente commerciale ha presentato un prodotto che non è comparabile con altri.
- SEGRETO n. 43: il punto di pareggio, calcola il punto in cui l'investimento comincia a produrre utili.
- SEGRETO n. 44: il conto economico di un investimento consiste nell'indicare con precisione da una parte i cosiddetti "costi/sacrifici" e dall'altra tutte le voci dei cosiddetti "ricavi/benefici".
- SEGRETO n. 45: comportamenti scorretti da parte dei costruttori, possono produrre una grave demotivazione nel distributore.
- SEGRETO n. 46: è necessario creare, formare, motivare, controllare la rete distributiva.

- SEGRETO n. 47: il venditore non deve mai proporre un prodotto uguale o simile a quello che sicuramente il cliente ha già visionato presso un altro venditore.
- SEGRETO n. 48: il consulente commerciale, deve saper dare il giusto valore economico a tutti i prodotti intangibili.
- SEGRETO n. 49: il consulente commerciale non deve farsi prendere la mano nel promettere più di quello che può offrire.

# GIORNO 7:
## Come rendere efficaci i dati di questo ebook

Affermare che grazie ai dati e agli strumenti contenuti in questo ebook da oggi tutte le tue vendite saranno facili, che troverai tutti i clienti disponibili e che avrai sempre il controllo della situazione, non è assolutamente vero. Solo se metterai impegno e determinazione nell'applicare i dati e gli strumenti che ti ho illustrato questi saranno efficaci e ti trasformerai da classico venditore a consulente commerciale professionista e di successo.

Tutte le tecniche, la formazione, l'esperienza, l'etica e l'organizzazione dipenderà sempre e comunque da come queste forze saranno applicate da te. Tutti i dati avranno forza e saranno efficaci se tu davvero credi che siano efficaci, tutte le tecniche saranno applicabili solo se le riconoscerai come applicabili e, infine, tutto il sapere e l'esperienza ti servirà solo se ti assumerai la responsabilità di applicare i dati nella giusta sequenza e con la giusta tecnica.

**SEGRETO n. 50: solo con impegno e determinazione ti trasformerai da classico venditore a consulente commerciale professionista e di successo.**

Applicare questi dati in modo raffazzonato non farà altro che farti sprecare tempo ed energia. Inoltre, facendolo, correrai il rischio di creare degli effetti contrari, e questo non avverrà perché le tecniche non sono giuste ma solo perché sono state applicate nel modo sbagliato o incompleto.

Come qualsiasi formula matematica, qualsiasi tecnologia e qualsiasi ricetta che venga data da un istruttore, nel momento in cui lo studente applica i dati che ha ricevuto senza attenzione, e soprattutto senza intenzione, è ovvio che i risultati della formula matematica non saranno esatti, che la macchina a cui è applicata la tecnologia non funzionerà e pure la torta sarà pessima.

Prima di affermare che una ricetta non funziona ci si deve attenere scrupolosamente alla ricetta e ai suoi giusti procedimenti. Solo dopo aver applicato la giusta tecnologia lo studente avrà la possibilità di provare che le tecnologie funzionano oltre ad acquisire pure le capacità di migliorare quello che gli è stato insegnato. In questo ultimo capitolo cercherò di aiutarti a fare tutti i passi necessari affinché tu possa rendere produttivo il tempo che hai dedicato alla lettura di questo libro attraverso uno strumento molto potente che ho imparato a usare dal libro di Stephen R. Covey *I sette pilastri del successo* e che ho poi personalizzato.

## L'agenda del costruire (il quadrante del tempo)

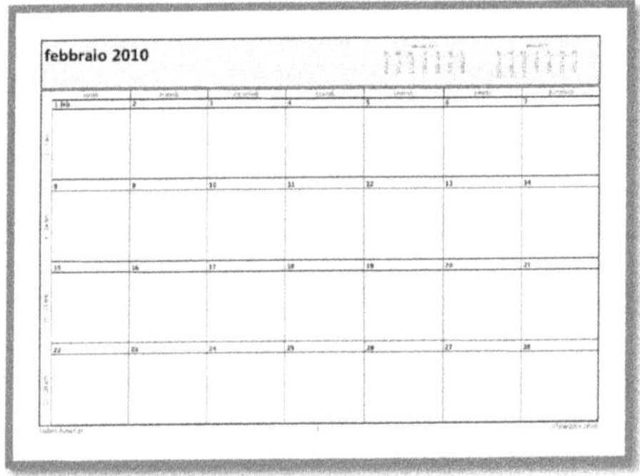


Un'organizzazione è composta da una o più persone organizzate, tutte le persone che occupano funzioni specifiche dovrebbero essere ben organizzate: o c'è qualcuno che organizza loro le giornate lavorative o se le organizzano in autonomia. Un sistema tradizionale e molto comune per organizzarsi le giornate, le settimane e i mesi di solito è lo strumento dell'agenda classica, quando va bene. Oggigiorno le agende sono disponibili in tutte le versioni possibili più o meno tecnologiche, dalla classica agenda annuale fino ai BlackBerry e ai palmari.

Comunque vada, mediamente la maggior parte delle persone usa lo stesso principio, cioè: «Annoto gli appuntamenti man mano che li prendo.» È come se programmassi il mio tempo in base agli impegni degli altri e alle scadenze che vengono per riempire il tempo avvenire. Se sono organizzato, la tengo aggiornata e appunto meticolosamente gli impegni presi, spostando quelli che non riesco a espletare.

Questo è tutto quello che pensi possa fare un'agenda? Scandire e appuntare solo gli impegni per ricordarti gli appuntamenti? Ricordarti sempre che hai pochi o molti impegni lavorativi? Questo tipo di strumento, a mio avviso, in questa era è ormai vecchio è obsoleto. Fa solo aumentare lo stress e serve a dimostrare a te stesso o al capo che stai lavorando molto. Comunque vada, se ci fai caso, questo strumento è solo consuntivo sugli impegni di lavoro ma non aiuta a migliorare o a costruire un ambiente basato sui risultati. Questo strumento di solito è fatto per dimostrare a sé o a qualcun altro quanto lavoro si fa e non quanti prodotti finiti esatti si producono.

Il mio personale consiglio è di impostare l'agenda, da tradizionale, con gli appuntamenti programmati, ad agenda del costruire. Il passaggio non necessita una tecnologia, software o altro ma solo un cambiamento di impostazione e di classificazione del proprio tempo lavorativo e, perché no, privato. Cioè un nuovo modo di dare priorità ad alcune attività piuttosto che ad altre.

Intanto iniziamo a imparare a classificare il tempo nelle quattro principali attività:

1. **attività del costruire:** importanti e non urgenti;
2. **attività del problema:** importanti e urgenti;
3. **attività della scimmia:** non importanti e urgenti;
4. **attività dell'inutile:** non importanti e non urgenti.

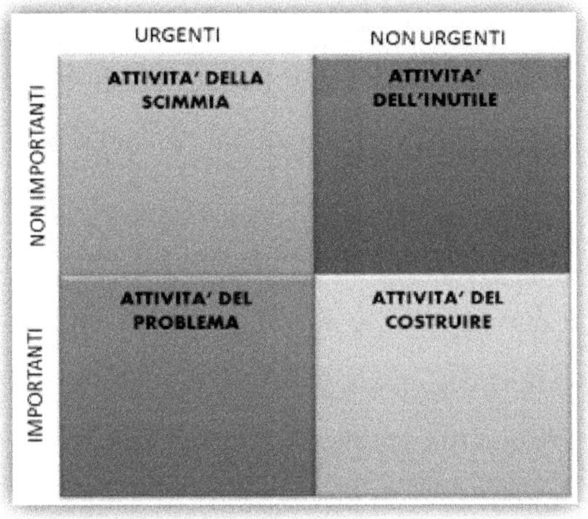

| | URGENTI | NON URGENTI |
|---|---|---|
| NON IMPORTANTI | ATTIVITA' DELLA SCIMMIA | ATTIVITA' DELL'INUTILE |
| IMPORTANTI | ATTIVITA' DEL PROBLEMA | ATTIVITA' DEL COSTRUIRE |

Per cercare di rendere chiara l'idea, inizio a spiegare da quelle attività che normalmente assorbono la maggior parte del nostro tempo, ovvero le **attività del problema**. Si tratta di tutte quelle cose da sbrigare urgentemente perché importanti e che ci cadono addosso giornalmente a cui non possiamo assolutamente dire di no.

E non possiamo neanche rinviarle perché sono situazioni di crisi che possiamo risolvere solo noi, dandoci la sensazione, e solo la sensazione, di lavorare tantissimo procurandoci stress, confusione, nervosismo e stanchezza. In una parola: frustrazione.

A volte, le attività del problema procurano a qualcuno anche la fastidiosa sensazione di non aver concluso niente in tutta la giornata, nonostante abbia incontrato moltissime persone, risolto un mare di problemi, salvato situazioni con colpi da maestro.

Queste sono le attività in cui si imprigionano parecchi di noi, e la cosa triste è che non ce ne rendiamo conto perché ci facciamo l'idea che sia normale creare tanto traffico inutile nel fare e rifare le cose e nel risolvere i problemi. Forse lo facciamo perché questo ci fa sentire importanti e indispensabili?

Quindi: correre all'ultimo momento per i target di vendita non raggiunti; preoccuparsi di risolvere problemi di budget; dedicare molto tempo a cercare inutilmente di ricucire relazioni con persone; chiarire continuamente disguidi dovuti a cattiva comunicazione; riparare urgentemente le attrezzature tecniche che creano disservizi e ritardi di produzione; cercare di giustificare ritardi di consegne alla clientela; risolvere problemi di incassi con i clienti contenziosi; non riuscire ad arrivare puntuali agli appuntamenti oppure non mantenere le scadenze fissate con i clienti; produrre prodotti poco precisi e ricevere quasi sempre dei reclami dalla clientela sono tutte situazioni da risolvere solo perché l'attività in se stessa ha creato il problema e non il risultato.

Come se non bastasse, in modo velato e subdolo arrivano le **attività della scimmia**, che definisco così perché immagino le attività quotidiane e quindi le responsabilità che ogni funzione ha in un'organizzazione come una piccola e graziosa scimmietta che qualcuno abbia sulla spalla e che deve curare da solo. Egli la deve nutrire, pulire, far giocare, istruire e curare quando si ammala, educare e soprattutto deve renderne conto quando gli si chiedono risposte a riguardo; ovvero ne ha la responsabilità.

Siccome non sempre si ha, o non si vuole avere, chiaro il concetto di responsabilità, esiste un modus operandi molto comune che fa sì che le persone tendano a passare questa cosiddetta scimmia a chi possibilmente ha invece un concetto di responsabilità molto più distorto, cioè verso l'alto.

Solo che, così facendo, quest'ultimo si ritrova a fare le attività della scimmia come ad esempio supportare sempre e continuamente un dipendente o un collega in un lavoro che gli ha già spiegato diverse volte mentre quest'ultimo continua a dire che non ha capito o, peggio ancora, che non gli è stato spiegato ancora niente. Si ritrova pure a far da solo delle attività per le quali doveva essere coadiuvato da colleghi o dipendenti che all'ultimo momento hanno avuto, guarda caso, un altro impegno.

Ma la condizione più aberrante si crea quando deve continuamente rifare il lavoro degli altri che sono pagati già per fare quel determinato lavoro, portando il costo del lavoro come minimo al doppio di quello che dovrebbe già costare. E tutto questo lavoro stressante, fatto di attività del problema sommate all'attività della scimmia ti porterà inevitabilmente alla terza attività denominata **attività dell'inutile**.

L'attività dell'inutile è composta da tutte quelle attività fatte di auto-lamentele, di autocommiserazioni, di zizzanie dannose per l'organizzazione che danno luogo a uno spreco enorme di energie intellettuali orientate a trovare inutili giustificazioni al proprio scarso rendimento. Ma la conseguenza più dannosa prodotta da questi tre tipi di attività, oltre a una mediocre o scarsa produzione, sarà una disaffezione iniziale verso l'organizzazione stessa o la propria professione fino al rischio di sfociare nell'odio. Bene, allora che fare?

1. Fare un elenco delle prime tre attività: del problema, della scimmia, dell'inutile;
2. calcolare, in modo obiettivo, quanto tempo ti prendono;
3. occuparsene immediatamente;
4. istruirsi benissimo sulle attività del costruire.

Le **attività del costruire**, cioè la formazione personale e la formazione delle risorse umane, sono quelle che ti devono aiutare a espandere la tua organizzazione.

Consistono nell'approvvigionamento preventivo di materiali, documenti e informazioni necessari allo svolgimento della tua attività, nel tenere i database sempre aggiornati con dati veri e di facile reperibilità, nel fare statistiche e analisi per avere le idee chiare sulle cause degli effetti, nell'approvvigionarti di informazioni del mercato di riferimento e di interesse, nell'attivare azioni di relazioni pubbliche e private allo scopo di tenere vivi tutti contatti importanti, nell'attività di programmazione e pianificazione a medio e lungo termine e nelle riunioni di lavoro, ma solo quelle produttive.

**SEGRETO n. 51: le attività del costruire, sono quelle importanti ma non urgenti, puntualmente rinviate per quelle urgenti.**

Per non contare tutte le attività che riguardano la sfera privata che, se costruita bene, ricade in modo molto positivo sulla sfera lavorativa, come cura della famiglia, dunque della propria moglie, dei propri figli e dei propri genitori, della propria persona e, soprattutto, del proprio spirito.

È utile, per concentrarsi sulle attività del costruire:

1. fare una lista delle attività del costruire più urgenti;
2. fare un piano di attività del costruire nella tua agenda;
3. trattare la data dell'attività del costruire come un impegno improrogabile;
4. impegnarti a dedicare tempo ad attività del costruire;
5. controllare i risultati dell'attività del costruire a medio e lungo termine.

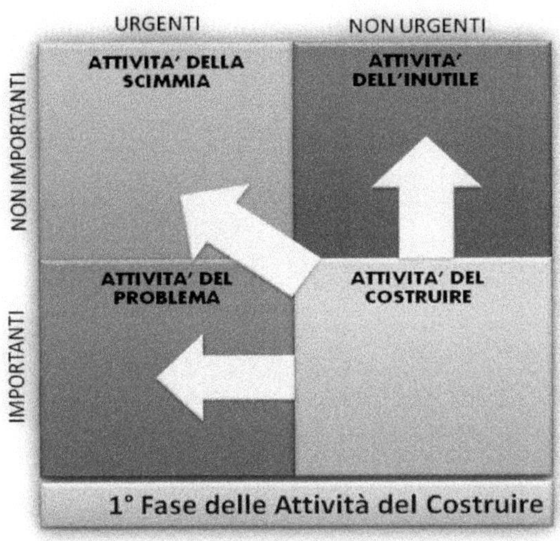


Essendo le attività del costruire importanti-non urgenti tenterai sempre di rinviarle perché sarai sempre preso dalle altre tre attività improduttive ma incalzanti, stressanti, ingannevoli e soprattutto demotivanti. Sì, perché a fine giornata ti danno solo la sensazione di non aver concluso niente, e questa è la sensazione più deprimente e frustante che l'uomo può provare.

Anche inconsapevolmente, qualsiasi essere umano sano di mente che prova la sensazione di non produrre niente va in depressione molto più facilmente di chi invece vede molto chiaramente la realizzazione e la formazione evidente dei risultati del proprio lavoro e dei propri sforzi.

Ricorda che non c'è mai tempo per fare una cosa, ma c'è sempre tempo per rifarla due volte. Per esperienza personale ti posso garantire che se applicherai in modo preciso l'agenda del costruire, come per magia le proporzioni del tuo tempo si trasformeranno. Si tratterà di una trasformazione automatica e graduale, che avrà velocità proporzionale alla precisione della tecnica da te applicata e alle problematiche in essere che hai accumulato nelle varie attività improduttive.

**SEGRETO n. 52: se il venditore ha intenzione di utilizzare al massimo la sua esperienza, dovrà cambiare modo di gestire il proprio tempo e quindi l'organizzazione dell'agenda.**

Nella prima fase ci sarà un comprensione delle attività improduttive, nella seconda fase noterai una diminuzione delle attività della scimmia e dell'inutile fino ad arrivare, nella terza fase, al risultato ottimale della loro totale scomparsa. Ovviamente rimarrà solo una piccola parte del tuo tempo che dovrai dedicare all'attività del problema. Penso sia anacronistico pensare di poter eliminare del tutto gli imprevisti in un mondo sì aberrato ma nello stesso tempo creativo.

Ogni giorno ci si deve inventare qualcosa per sopravvivere e bisogna cambiare anche paradigma per essere in linea con i cambiamenti, sempre più veloci, che esso ci impone. E ciò non solo nella tecnologia e nel mondo del lavoro ma pure nei rapporti sociali che creano sempre più problemi a chi deve gestire un'organizzazione in espansione. Quindi inizia a lavorare sulle attività del costruire e costruirai una organizzazione in espansione, costruirai una vita privata felice e serena, costruirai una vita sociale importante e di alta reputazione e, infine, contribuirai a costruire un mondo migliore.

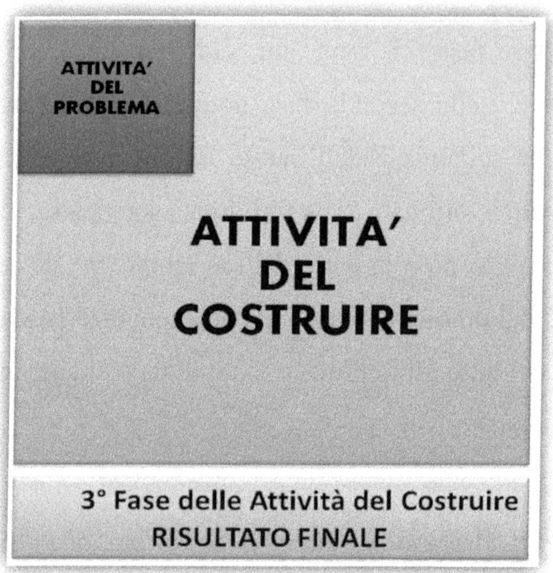


**Esercizi del Giorno 7:**

- cerca nel glossario interno oppure in un buon vocabolario le parole mal comprese che hai trovato e vai avanti solo se le hai comprese tutte;
- fai un elenco delle prime tre attività: del problema, della scimmia, dell'inutile;

- calcola, in modo obiettivo, quanto tempo ti prendono;
- occupatene immediatamente;
- istruisciti benissimo sulle attività del costruire;
- fai una lista delle attività del costruire più urgenti;
- fai un piano di attività del costruire nella tua agenda;
- tratta la data dell'attività del costruire come un impegno improrogabile;
- impegnati a dedicare tempo alle attività del costruire;
- controlla i risultati dell'attività del costruire a medio e lungo termine.

RIEPILOGO DEL GIORNO 7:

- SEGRETO n. 50: solo con impegno e determinazione ti trasformerai da classico venditore a consulente commerciale professionista e di successo.
- SEGRETO n. 51: le attività del costruire, sono quelle importanti ma non urgenti, puntualmente rinviate per quelle urgenti.
- SEGRETO n. 52: se il venditore ha intenzione di utilizzare al massimo la sua esperienza, dovrà cambiare modo di gestire il proprio tempo e quindi l'organizzazione dell'agenda.

# Conclusione

Da tempo ho cominciato a comunicare a chi mi sta intorno i miei pensieri, gli strumenti e le tecniche che, tramite la formazione e l'esperienza, vado apprendendo di giorno in giorno. Inizialmente usavo la tecnica verbale, poi sono passato ai seminari, supportati da dispense consegnate ai miei collaboratori. Da qualche anno, invece, ho cominciato a usare il metodo dalla scrittura, cioè a mettere nero su bianco istruzioni, tecniche e pensieri. Ho cominciato a farli diventare veri e propri testi scritti, secondo un metodo scientifico e ordinato. Ho creato, insomma, dei testi argomentativi che dessero contezza di quelli che sono i miei modi di vedere, i miei modi di sentire, le mie teorie sul piano professionale nonché umano, le mie aspettative.

Così, scrivendo e scrivendo, mi sono ritrovato a tracciare su carta anche queste poche pagine indirizzate specificamente ai consulenti commerciali della mia azienda, sperando che almeno qualcuno tra loro le legga e faccia buon uso dei consigli e degli strumenti teorici che in esse sono contenuti. Pensavo di fermarmi a poche pagine e a qualche istruzione, poi mi sono lasciato prendere la mano, anzi direi la penna e, meglio ancora, la tastiera, ed eccomi qua, a scrivere questo ebook. A mio parere è molto utile, se non altro perché condensa in poco spazio quello che ho appreso su molti libri, nonché sperimentato sulla mia pelle.

Nel corso della mia analisi sulla figura del consulente commerciale, ho utilizzato alcuni dati dei libri che ho letto, dei corsi che ho frequentato e le parole dei miei maestri di vita. Per questo motivo mi corre l'obbligo di ringraziare in questa sede gli autori di alcuni testi che ho citato e di cui spesso ho riportato qualche frase o qualche concetto, adattandolo al contesto del tema da me trattato.

Un ringraziamento va poi alla professoressa Vittoria Cavallaro, mia carissima amica. Lei ha reso le mie idee, scritte in un italiano un po' claudicante, qualcosa di leggibile, scorrevole e comprensibile. Un "grazie" particolare va ai testi di T. Peters, R. Hubbard, Sun-tzu, S.R. Covey, P.A. Ruggeri, S. Godin, W. Chan Kim, R. Mauborgne, A. Robbins, R. e M.L. Varvelli, D.

Goleman-R. Boyatzis-A. McKee, B. Yehuda, per mezzo dei quali ho potuto meglio rendere le cose che mi stava a cuore dire.

Grazie a chi, tra i miei collaboratori, leggerà questo testo, analizzerà questi dati, sperimenterà le tecniche suggerite e le applicherà al massimo fino a ottenere grandi successi di abbondanza nella propria vita professionale e privata. Un ringraziamento va inoltre ai miei maestri di vita e soprattutto a mio padre il cui ricordo, anche se lui non è più, rimane sempre intenso in me. Pur non avendo una grande istruzione scolastica, egli mi ha trasmesso la sua saggia visione della vita, grazie alla quale oggi trovo la forza per superare qualsiasi difficoltà.

Per mio padre la vita era come il gioco del calcio: «Devi sempre giocare, comunque vada, anche se prendi dei goal, anche se ti danno delle pedate sugli stinchi, anche se cadi. Poi ti rialzi e corri, vai e fai pure tu qualche goal. E questo fino all'ultimo respiro.» Comunque vada, è sempre meglio provarci che mettersi in panchina a guardare gli altri giocare e criticarli. Una persona che passa la vita in panchina è come un morto che cammina!

# Glossario

**Azienda:** un'azienda è un complesso di beni organizzato dall'imprenditore per raggiungere un fine economico attraverso lo svolgimento di un'attività.

**Budget:** il budget è un bilancio di previsione, un programma di spesa, una somma a disposizione. Etimologia: voce inglese, dal francese *bougette* "tasca di cuoio". Il budget rientra tra gli strumenti fondamentali di programmazione e controllo dell'azienda. Partendo dalla previsione delle vendite e tenendo conto delle scorte esistenti e dei costi da sostenere: ore uomo, materie prime, servizi esterni ecc., espone i ricavi presunti. Di norma si riferisce all'anno contabile, detto esercizio, successivo a quello in cui viene elaborato.

**Conoscenza:** la conoscenza è la consapevolezza e la comprensione di fatti, verità o informazioni ottenuta attraverso l'esperienza o l'apprendimento, ovvero tramite l'introspezione. La conoscenza è l'autocoscienza del possesso di informazioni connesse tra di loro, le quali, prese singolarmente, hanno un valore e un'utilità inferiori.

**Consapevole:** è colui che ha consapevolezza, che è cosciente, che è consapevole delle proprie azioni, informato, edotto, che è consapevole di un fatto.

**Dinamica:** è l'insieme di meccanismi e processi psichici sottesi al comportamento e più in generale alla personalità di un individuo, preso singolarmente o in relazione ad altri; e a certe aree specifiche, denominate dinamiche, in cui l'individuo conduce la sua vita e a quanto dà importanza alla loro sfera di influenza: se stesso, la famiglia, i figli, la religione, il lavoro, gli amici, il gruppo sportivo, la società, la politica, la città, l'umanità, la razza ecc.

**Dirigente:** chi svolge mansioni direttive; il dirigente d'azienda è chi collabora con l'imprenditore seguendone le direttive generali.

**Idea:** un termine usato sia nel linguaggio comune che in filosofia, con varie accezioni in genere riferibili a un concetto di "disegno della mente", di rappresentazione mentale di un oggetto reale o pensato; è un prodotto del pensiero o dell'immaginazione, spesso contrapposto alla realtà.

**Imprenditore:** nel Settecento la figura dell'imprenditore assunse i connotati moderni. Nel campo agricolo il proprietario terriero, in quello manifatturiero chi produceva merci da distribuire, in quello pubblico l'impresario che realizzava infrastrutture vennero chiamati imprenditori. La definizione anglosassone *undertaker*, ovverosia "colui che prende su di sé" la responsabilità di eseguire un lavoro che richiede l'impiego di più persone è rimasta ancora adesso nell'uso contemporaneo.

**Impresa:** l'impresa, sotto il profilo giuridico, è un'attività economica professionalmente organizzata al fine della produzione o dello scambio di beni o di servizi. Ciò è quanto si desume dalla definizione di "imprenditore" che, all'art. 2082, fornisce il vigente Codice civile. L'impresa è perciò caratterizzata da un determinato oggetto: la produzione o scambio di beni o servizi, e da specifiche modalità di svolgimento: organizzazione, economicità e professionalità. Sotto il profilo economico, va aggiunto che deve essere condotta con criteri che prevedano una adeguata copertura dei costi con i ricavi, altrimenti si ha consumo e non produzione di ricchezza.

**Manager:** nell'impresa moderna è il dirigente che assume direttamente le funzioni dell'imprenditore. Etimologia: voce inglese derivante del verbo *to manage* "amministrare", dall'italiano "maneggiare".

**Marketing:** termine anglosassone, il marketing è un ramo della scienza economica che si occupa dello studio descrittivo del mercato, dell'analisi dell'interazione del mercato e degli utilizzatori con l'impresa. Il termine marketing prende origine dall'inglese market cui viene aggiunta la desinenza del gerundio per indicare la partecipazione attiva, l'azione sul mercato stesso.

**Meta:** punto d'arrivo, termine, traguardo: «La meta del nostro viaggio è Roma.» «Eravamo ormai vicini alla meta.» «Camminare senza una meta.»
**Misemozione:** emozione o reazione irrazionale che non si addice alla situazione presente.

**Motivazione:** la motivazione è l'espressione dei motivi che inducono un individuo a una determinata azione. Da un punto di vista psicologico può essere definita come l'insieme dei fattori dinamici aventi una data origine che spingono il comportamento di un individuo verso una data meta; ogni atto che viene fatto senza motivazioni rischia di fallire. La motivazione svolge fondamentalmente due funzioni: attivare e orientare comportamenti specifici. Nel primo caso si fa riferimento alla componente energetica di attivazione della motivazione. Nel secondo caso si fa riferimento alla componente direzionale di orientamento.

**Operativa:** generalmente si possono definire operazioni tutte quelle attività in cui risorse umane, a prescindere dall'entità e dal tipo, vengano impiegate materialmente per assolvere un compito allo scopo di raggiungere il risultato che la strategia richiede seguendo scrupolosamente le tattiche. Operare significa produrre, generare, causare. Nell'atto di produrre impieghiamo capacità ed efficacia operativa.

**Organizzare:** significa ordinare, disporre, preparare. Formarsi, svilupparsi nel complesso dei propri organi in qualità di essere vivente. Disporsi o predisporsi a o per qualcosa.

**Creare:** produrre dal nulla, specificamente riferito a esseri divini: «Dio creò il mondo.» Far nascere qualcosa di nuovo, inventare, ideare: creare una nuova teoria, creare una moda.

**Percezione:** atto di coscienza con cui si acquista consapevolezza di un oggetto esterno attraverso l'interpretazione degli stimoli sensoriali che da esso provengono o mediante un procedimento intuitivo.

**Pilota:** chi guida una nave durante la navigazione. Chi manovra un'automobile, un aeromobile o un altro mezzo di trasporto. Detto di ciò che funge o può fungere da guida: luce. Detto di ciò che costituisce una prima applicazione pratica di nuovi metodi: scuola. Etimologia: forse dall'antico *pedota*, ovvero "guida", termine di origine greca.

**Responsabile:** che deve rendere ragione delle proprie o altrui azioni: «Sono responsabile della tua condotta.» Che è consapevole delle conseguenze derivanti dalla propria condotta, che rivela senso di responsabilità. Etimologia: dal francese *responsable*, che deriva dal latino *responsus*, participio passato di *respondere* "rispondere".

**Scopo:** fine, proposito, intento che si vuole ottenere: avere uno scopo, tendere, mirare a uno scopo, prefiggersi, proporsi, vagheggiare uno scopo, conseguire, raggiungere uno scopo.

**Strategia:** la strategia d'impresa è la "disciplina" che permette di progettare l'identità desiderata di una impresa all'interno di un ambiente di riferimento e di definire il piano attraverso il quale realizzare questa identità. È anche la disciplina che sta a fondamento dell'attività di valutazione di una impresa. In dettaglio, essa suggerisce il processo attraverso il quale progettare l'identità dell'impresa; indica quali sono le dimensioni rilevanti dell'ambiente e dell'impresa e suggerisce i linguaggi da utilizzare per progettare l'identità d'impresa stessa. Si tratta di una disciplina che sta subendo una veloce evoluzione. Una strategia è la descrizione di un piano d'azione di lungo termine usato per impostare e successivamente coordinare le azioni tese a raggiungere determinate mete.

**Target:** fascia di potenziali consumatori di un prodotto alla quale si rivolgono le strategie di vendita di un'azienda. Obiettivo da raggiungere nella campagna di vendita di un prodotto. Etimologia: dall'inglese target "bersaglio", "scudo". Target, che in lingua inglese significa, appunto, bersaglio, è un termine utilizzato in economia per indicare un risultato di tipo economico posto come obiettivo per una determinata strategia: aziendale, commerciale o di marketing.

**Tattica:** una tattica è un metodo utilizzato per conseguire determinati obiettivi. Si applica alla guerra, difatti si dice "tattica militare", a una battaglia o nelle imprese. La tattica si riferisce ad azioni tese a raggiungere un obiettivo di breve termine e generalmente si attua su scala geografica limitata. Essa tratta dei metodi di impiego delle forze in gioco riferiti al livello tattico, che giunge fino al gruppo di lavoro. La parola tattica deriva dal greco e significa "ordinamento sul campo di battaglia".

**Rovine (del cliente):** necessità reali del cliente nella sua attività imprenditoriale.

**Vendita:** cedere ad altri la proprietà di qualcosa ricevendone il prezzo come scambio. Dal latino vendita, participio passato femminile di vendere "vendere".

www.ingramcontent.com/pod-product-compliance
Ingram Content Group UK Ltd.
Pitfield, Milton Keynes, MK11 3LW, UK
UKHW022023190726
13853UKWH00005B/2075

9 788861 742987